MVP受賞 元リクルートのトップセールス直伝

キャラ営業の極意

【著】坂井洋子　【漫画】べじこ

ぱる出版

完璧な商品説明したのに…
全く聞いてもらえなかった…
私なんて今日会って3回目のお客さんに
3度目の名刺を渡された…
はあ〜〜
営業向いてないかも…
はあ〜〜
…
きゃはははははは
…

隣は何か楽しそうね…
きゃははははは
ははははは
営業の苦労とは無縁ののんきなおしゃべりだよ
チラ
チラ
あははははは
はははははは
では、よろしくお願いします！
期待してますよ！こちらこそよろしくお願いします！
え？
契約成立してる!?

何だったんだ…
ただおしゃべりしてるだけのように見えたけど
あれ営業してたの？
わっ
こんにちは！
ひっ
私は坂井洋子です！
後ろから
お2人は営業の休憩中？
ビックリした
は…はい
俺たち営業1年目の同期なんですけど
ふん
ふん
なかなか営業がうまくいかなくて

おば…
おねえさんは
何者なんですか?
おば…
よくぞ
聞いて
くれました!
イラストレーター
ベじこ
として
トマトかぶってます
味の素 野菜摂取
量向上 プロジェクト
コラボ 展開
100th ANNIVERSARY
いままでとこれから
名古屋市営交通
100周年PR
パンフレット など
こんな仕事を
しています!
毎年個展も
開催してるよ!
おしゃべりしてて
仕事が取れるなんて
いいですよね~
え?
私、営業時代から
こんな感じよ
新卒で
リクルートグループ入社
求人情報事業で
10年半、企画営業
表彰状
大賞
表彰状
MVP
表彰状
MVP
新サイト立ち上げ部署で
スーパーバイザー
をしてました!
若手営業の
育成もやって
ました!

えっ
リクルートで
営業
してたんですか？
う…うん
最初は2人みたいに
苦労したな～
トホホ
飛び込み営業
辛かったし…
サボってたら
あ
帰って
一生懸命しゃべっても
追い返されたことも…
でもすっかり
営業の面白さにハマって
楽しく営業してたよー
自分のキャラを活かして
キャラ営業
って言われてました！
私、キャラが
濃くないから無理…
大丈夫！

キャラ営業は誰でもできる!
自分の長所や強みを活かすので楽しくて成果が出やすい!
外見のキャラ表現も簡単にできて効果抜群!
気になります!
えーーっ
教えて下さい!
では…
ドロン
ぱっ
チームリーダーべじこ先輩として2人にキャラ営業を伝授します!
よろしくお願いしまーす!

キャラ営業の極意　もくじ

第1章 キャラ営業とは

第2章

キャラ営業の実践【外見編】

第3章

キャラ営業の実践【内面編】

第4章

キャラを活かすための営業術

第5章

独立しても使えるキャラ営業

コラム キャラで愛されるSNS発信 4つのポイント

装　　　　　丁　安賀 裕子
本文デザイン・DTP　町田えり子
企　画　協　力　ネクストサービス株式会社（代表 松尾昭仁）
編　　　　　集　岩川 実加

第1章

キャラ営業とは

1 「キャラ営業」は最強の営業術

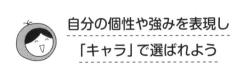

自分の個性や強みを表現し

「キャラ」で選ばれよう

モノや情報があふれ、ネットで商品・サービスを選んで買うことが当たり前になりました。日々ＡＩの進化が話題になって、色々な仕事や役割がＡＩに取って代わられるのではと心配されています。

コロナ禍でリアルでの対面が難しくなり、リモート営業やオンライン営業など、営業手法も変化してきています。

そんな中で、営業という仕事は必要なくなるのでしょうか？

お客様に言われたことを言葉通りに受け取り、そのまま提供する、という仕事しかしていなければ、ネット販売に取って代わられてもおかしくありません。

決まったモノを購入するだけなら、ネットはすごく便利です。

ＡＩが、これまでの購入履歴から、商品が必要になる頃に教えてくれたり、近い商品をリコメンドしてくれたりもするでしょう。

でも、**お客様がこれだけたくさんの情報の中から、自分がほしい情報を探し出し、正しい情報を精査して、比較して選ぶのはなかなか困難。**

そもそも、お客様自身が自分のほしいモノ、求めていることがはっきりしていない場合

も多いのです。条件だけで検索して、本当にそれが最適なのか、判断するのは難しいでしょう。

そんな時、商品、競合商品、市場について知識や経験が豊富で、自分の求めていることを引き出してくれた上で、ぴったりのモノを選んで最適なアドバイスをしてくれる人がいればすごく助かります！

それができるのが、営業です。そういう営業は、今後も求められる存在です。

営業なら誰でもいいわけでなく、
「この人なら信頼できる」
「この人と付き合いたい」
と、**営業自身が選ばれることが大切**です。

本書では、お客様に選ばれる存在になるために、自分の個性や強みを「キャラ」として表現し、活かしていく方法をお伝えします。

自分のキャラでお客様に愛されて、選ばれるようになれば、最強です。

2 「キャラ営業」は誰でもできる

「キャラ営業」とは自分のキャラを
活かした営業のこと

「キャラ営業」といえば、個性が強くて派手で目立つ人の営業スタイル。

あの人だからできる、真似できない、といったイメージではないでしょうか。


私も新卒でリクルートグループに入社して、個性が強い営業マネージャーたちを見て、これは真似できないなと思っていました。

リクルートの営業はどんなイメージですか？

我が強そう、アピール上手、しゃべりが達者、目標達成意欲が高い、自己主張が激しい、行動的、やる気満々、カタカナを使う……あながち間違っていない気がします。


そんな声の大きい人たちの中で、珍しく、自己主張やアピールをしないタイプのマネージャーがいました。不思議に思って聞いてみました。

「アピールしないんですか？」

「好きちゃうねん。圧倒的な数字を出すって決めてるから」

自分で声を発して周りにアピールするのではなく、圧倒的な数字を出すことで周りに認めさせるキャラ。

実際に、そのマネージャーはアピールせずとも、いい仕事をして圧倒的な数字を上げて、周りから認められている存在でした。
アピール大好きな集団の中で、すごくキャラが立っていました。

私が入社5年目にMVPをとった時の表彰状に、
「あなたの素晴らしいところは、明るく、人の話を真剣に聞き、聞いたことをノートに書くが、さあ使おうとなると、なくしてしまう、ホド良い間抜けさ……。
そのキャラを活かし、顧客から愛される営業ウーマンになってください」
と書かれていました。

ホド良い間抜けさって……、褒められていないような気もしますが、私なりに、自分のキャラを活かして、業績を上げて、評価されていました。

派手で目立つキャラだけでなく、黙って圧倒的数字を叩き上げるキャラもあるし、ホド良い間抜けさでお客様に愛されるキャラもある。

本書では**「自分のキャラを活かした営業」を「キャラ営業」と定義します。**
自分のキャラを活かすので、誰でもできます！

目指すのは、自分のキャラを発揮することで、周囲から認められ、お客様から選ばれる存在になることです。

- **外見など初対面で印象付けるキャラ**
- **自分の長所や強みを活かす内面のキャラ**

の両面で考えていきます。

外見のキャラの表現は、すぐにできて効果が分かりやすい！

お客様はどんな方か、自分がどう見られることが多いか、お客様にどう思われたいか、どう覚えられたいかをイメージしましょう。

イメージが決まったら、服装、持ち物、話し方などで印象付けて、覚えてもらいましょう。

内面のキャラは、自分の持っているものを活かしていきましょう。自分に無いキャラを作ると、長続きしません。

自分の長所や強みを知ることは、キャラを活かす上で欠かせません。

自分が自然にできること、得意なことを伸ばしていくと、無理せず成果が出やすいです。

今回、色々な業界のトップセールスの方たちに話を聞きました。

「何もやってないよ〜」

と言いつつ、話を聞くと、全員が自分のキャラを活かした営業を実践していました。皆さん、とがってる！

「突き抜けないと成果が出ないよ」

という言葉が印象的でした。それぞれキャラが違って、とても面白い！

「キャラ営業」の使える実践的なノウハウと事例をご紹介します。

自分のキャラを発揮して「この人に任せたい」とお客様に選んでもらいましょう。

3 長所も短所も「キャラ営業」

長所を伸ばして、短所を認めて、
自分のキャラを磨こう！

入社後、私は営業マネージャーたちのキャラに圧倒されていました。

・底抜けに明るい、怒らない、マイペース
・努力する姿を見せない、信じることがマネジメント、指導しない
・経営者と組織や事業の話をするのが得意、豪快、時間にルーズ
・知的好奇心旺盛、情報感度が高く知識豊富、興味がない話は聞かない
・クール、戦略が分かりやすい、アイデアマン、自己アピールしない

非常に個性が強い！

営業マネージャーだけあって営業力のある人ばかりでしたが、見事に、見た目も中身もそれぞれ異なるキャラでした。


そして、キャラの濃さに驚くとともに、もう1つ大きな気づきがありました。

「大人になっても、いいところも、悪いところもあっていいんだ〜」

時間にルーズだったり、人の話を聞かなかったり、飽きっぽかったり……。

社会人になる前は、大人と言えば親や先生。子どもより大人の方が完全、というイメー

ジがあったのですが、「大人も不完全なものなんだ」ということを実感しました。

「長所もその人のキャラ！」と強く感じた結果、長所を伸ばし、短所を認める、という考え方が私の中に自然と浸透していきました。

そして、**他の誰も目指さなくていいし、自分の良さを活かせばいい、**とある意味開き直って、自分のキャラが磨かれていきました。

「人は長所で尊敬され、短所で愛される」

ベストセラー作家の、ひすいこたろうさんの言葉です。

長所も短所も、自分のキャラです。

もちろん、人に著しく迷惑をかけることや、仕事に大きな支障があるところは改善した方がいいと思いますが、短所を直すことばかりに気を取られてはもったいない。

長所を伸ばして、短所を認めて、自分のキャラを磨いていけば大丈夫！

いきいきと活躍している営業マネージャーや先輩たちを見て、そう思うようになりました。

4 「キャラ営業」は邪道？

営業としてはキャラで好かれるのってちょっとずるいな～
って思ったり…
その気持ちも分かる！
でも実はトップセールスはそれぞれのキャラで差別化してる！
キャラは活かしてなんぼ！
べじこ先輩はどんなキャラを活かしてきたんですか？
愛されキャラ

「キャラ」で選ばれることは、
営業として大きな強みになる

営業時代、

「キャラ営業ですよね〜」

と同僚たちに言われることがありました。

そう言われた時の私の気持ちは、正直「微妙……」

「営業力じゃなく『キャラ』が気に入られて、売れてるんでしょ」

と言われているようで、営業としての実力が認められていない気がして、ちょっとモヤモヤした気持ちになりました。

「キャラ」を気に入ってもらっても、商品・サービスが良くなければ選んでもらえないかもしれませんが、**商品・サービスが拮抗している場合、営業担当の「キャラ」で選ばれることは十分に考えられます。**場合によっては、強烈に「キャラ」を気に入ってもらって、「この人に仕事を頼みたい」「この人と仕事をしたい」と思われたら、**他の商品やサービスと比較されずに選んでもらえるかもしれません。**

「キャラ」にかまけて営業をサボっていたら問題ですが、**営業力や商品力に「キャラ」**

が加われば、大きな強みやアドバンテージになり得ます。

お客様の業界について勉強したり、プレゼンの練習をしたり、営業としての努力は怠らない。その上で、自分の「キャラ」を活かして、お客様に受け入れられて、選んでもらえるなら嬉しい！

「『キャラ』で選ばれてもいいじゃない！」

と思うようになりました。

前述した通り、話を聞いた色々な業界のトップセールスの方たちも、外見・内面それぞれですが、皆さん自分の強みを活かし、個性を発揮していました。それぞれの個性がしっかりと「キャラ」として他者から認識されて、お客様に選ばれています。

自分の「キャラ」を活かさないのはもったいない！

営業力を磨くように、自分の「キャラ」を磨いて、お客様に選んでもらいましょう。

5 「キャラ営業」で売り込む必要なし

「キャラ営業」は楽しくて、
お客様に喜ばれて、売上も上がる！

ここまで「キャラ営業」について説明してきましたが、もしかしたら、こういう思いをお持ちかもしれません。

・キャラ営業は誰にでもできるとは言っても、自分は目立つタイプじゃないし、やっぱり難しそう
・キャラを表現したら、お客様に嫌われることもあるのでは？
・とは言え、営業だから売り込みしなくちゃいけないんでしょう

繰り返しになりますが、目立つ「キャラ」である必要はありません。

誠実さ、几帳面なところ、など派手ではなくとも立派な強みです。

但し、その強みも表現しなければ、お客様に伝わりません。**自分のキャラを受け入れてもらうためには、自分の「キャラ」を表現する必要があります。**


自分の「キャラ」を表現すると、全てのお客様に受け入れられないのではないか、と不安に思う人もいるかもしれません。

自分の個性は出さずに、お客様に合わせた無難な対応をした方が万人ウケするでしょう

か？　いえ、特に嫌われない代わりに、特に好かれることもなく、印象に残らず、誰が担当でも同じと思われてしまうことでしょう。

それなら、**自分の「キャラ」を表現して、自分らしく営業活動をして、受け入れてくれるお客様と付き合った方がお互い幸せ**です！

お客様とコミュニケーションの方法が合わない時は、営業スキルで補完できます。自分の「キャラ」を変える必要はありません。

自分らしさを活かした「キャラ営業」をした場合、無理をせず自然体でいられるので、楽です。得意なことを活かすので、当然成果も出やすいです。

自然体であること、無理をしていないことがお客様に伝わると、心を開いてもらいやすくなります。

お客様に受け入れられて「この人に仕事を任せたい」と思ってもらえると、無理な売り込みは不要です。

私の場合、全面的に信頼してもらったお客様から、ドーンと大きな額で仕事をお任せ頂くことがありました。

細かい商品説明は不要！

競合と比較されることもありませんでした。

ただ、引き継ぎの際、後任の営業に「お客様が商品のことを知らない」と嘆かれたことがありました。はい、最低限の商品説明は必要です。


「キャラ営業」で自分の強みや個性を発揮できると、仕事が楽しくなります！


私が営業で大事にしていたことは「お客様の期待以上の結果を出すこと」と「自分だからできる仕事をすること」でした。

誰が担当でも同じ仕事をしたのでは、自分が面白くない。

自分の「キャラ」を活かして自分ならではの仕事をすると、積極的に取り組めるし、仕事が面白くなります！仕事に積極的に取り組むと、結果が出てお客様に喜ばれるし、当然、売上も上がってきます！そして「キャラ」がより際立ちます！

「キャラ営業」で良い循環が生まれると、無理な売り込みは必要ありません。

キャラで愛されるSNS発信 4つのポイント

1 趣味や好きなことを発信する

SNSに継続して投稿することで、周囲の人たちにキャラが浸透しやすくなります。

趣味や好きなことは、無理なく発信することができます。食べ歩き、料理、マラソン、旅行、キャンプ……など、自分の「素」のキャラで、自然体で発信しましょう。同じ趣味の人が共感してくれたり、情報交換ができたり、より発信が楽しくなるでしょう。

また、料理の中でもストーブクッキング、食べ歩きの中でもモーニング食べ歩き、キャンプでもソロキャンプ、温泉でも掛け流し……など、より得意な分野にしぼって発信すると、イメージがつきやすく、キャラが確立しやすいです。

さらに、毎週日曜日の朝はマラソンをしている、毎月1日に神社に朔日参りに行く、など、定期的な行動がある人は、そのタイミングでSNSを投稿することも効果的です。定期的な行動は、印象に残りやすいからです。さらに、継続性がある人、というイメージも持ってもらえます。

普段から楽しんでやっている、趣味や好きなことを発信してみてください。

第2章

キャラ営業の実践

【外見編】

1 キャラ作りはまず見た目から

キャラ作りはまず見た目から、
簡単にできて効果抜群！

この章では、いよいよ「キャラ作り」の実践に入っていきます！

ある保険営業の話です。

長身の彼は、個性的なファッションが好き。髪型は刈り上げて、スキニーのパンツを穿いて、若者ウケするファッションでした。彼のお客様はクリニックのお医者様。飛び込み営業で、まずは話を聞いて頂かないといけないのですが、なかなか話を聞いてもらえません。

彼は「メラビアンの法則」を知ります。人とのコミュニケーションにおいて、「視覚情報が55％」「聴覚情報が38％」「言語情報が7％」の割合で影響を与えるという心理学上の法則です。

「ファーストインプレッションは外見が大事なんだ」

と気づいた彼は、百貨店に行き、自分に似合うカラーを診断してもらいました。

自分に似合うネイビー系の色のスーツを選んでもらい、ネクタイなどの小物には、自分が好きなオレンジ色を使いました。髪型も思い切って短髪にしました。個性的な若者から、さわやかでキリッとしたビジネスマンに変身！

髪型と服装を変えた彼が飛び込みで営業に行くと、クリニックのお医者様の反応はガラリと変わり、話を聞いてもらえるようになりました！ 年配のお医者様も多かったので、これまでのファッションでは、あまりいい印象を持たれていなかったようです。

外見を変えてからの彼は、売れる営業まっしぐら。様々な努力もありましたが、**外見がいかに重要かを感じた**といいます。

営業を始めて数年経った頃の私の話です。

童顔と言われる顔つきの私。年次を重ねて、1人でお客様のところに訪問できるようになってからも、初対面のお客様に、

「新人さんですか？」

と言われることが多々。いい意味で言われているならいいのですが、お客様の顔を見るとたいてい不安そう。

「新人に担当されるの嫌だな〜不安だな〜」

という心の声が聞こえてきます。

お客様と話を進めていくと、

「あ、大丈夫そうだな」

話しぶりから経験や知識があることを感じて頂けるのか、途中でホッと安心するのが分かりました。

そんな時、後輩ができて、先輩として私が同行することになりました。その後輩、見た目がとても大人っぽい。まずい……、どう見ても私が後輩に見える……。

ある程度の時間話せば挽回できても、さすがに会った時に後輩の後輩に見られては恥ずかしすぎる！

そこで百貨店の少しお姉さんブランドのショップに行きました。上下揃ったスーツではなく、新人が着そうにない、ジャケットとパンツのスタイルでコーディネートしてもらいました。そして、客先でメモを取るノートは、キャンパスから黒のモレスキンに。

顔の造りは変えられないので、服装と持ち物でベテラン感を出せるようにしました。

同行の日は、できるだけ堂々とした態度で。お客様は私を見ても、不安そうな表情になることはなく、無事、先輩の面目は保てました。良かった！

中身は何も変わっていなくても、服装や持ち物を変えただけで、周りの反応はそれくらい変わります。外見の力は絶大！

人と初めて出会った時、まずは見た目の情報でこの人はどんな人かを想像します。**話を聞いてみたいと思ってもらえるかは、外見が重要。**いくら中身が素晴らしくても、話を聞いてもらえる土俵に立たなくては、そのきっかけもつかめません。

自分がどういうキャラに見られたいのか、それを考えて外見を変えれば、思うように自分の印象を作ることができます。これを使わない手はありません。

2 初対面で「キャラ」を覚えてもらおう

どう覚えられたいか

「○○の人」を決めて印象付けよう

初めて会った人のことを話題にする時、名前や仕事を覚えていなければ、どうやってその人のことを伝えますか？


「あの眼鏡の人」

「あの髪の長い人」

「あの声の大きい人」


記憶に残っている特徴で表現すると思います。

あなたは、何と言われているでしょうか？　どう覚えられているでしょうか？


「キャラ営業」では、自分のキャラを印象付けることが大切です。

営業として清潔感のある見た目は必要ですが、そこで終わりたくはありません。

自分の第一印象を「どう見せたいか」、さらに「どう覚えられたいか」を意識して、自分の外見をマネジメントしていきましょう。


第一印象は3秒で決まるとも0・2秒で決まるとも言われていますが、とにかく最初の短時間で決まります。

先ほど紹介した「メラビアンの法則」によると「視覚情報が55％」「聴覚情報が38％」「言語情報が7％」の割合でコミュニケーションに影響を与えることが分かっています。外見の次に、声や話し方も重要です。

お客様と初めて対面する時、ぱっと見の外見だけでなく、声や話し方、姿勢や態度、表情でも、自分のキャラを印象付けることができます。

「見た目はふわっとした印象なのに、話すと低めの声で落ち着いていて安心できるな」
「外見も誠実そうだし、てきぱきした動きがさらに好印象！」

◎第一印象、初対面の印象を与える要素
・顔、表情、髪型、服装、持ち物
・姿勢、態度、しぐさ、話し方

では、早速キャラを印象付けする具体的なノウハウや事例を紹介していきます！

3 「テーマカラー」を持とう

名刺入れもノートも赤色なんですね
そう赤色！色を使うのは印象付けに効果的よ
よし僕も！
ネクタイは情熱の赤
名刺入れはクールな青
財布は元気よくオレンジ
カバンは癒しのグリーン
ちょっとちょっと
とっちらかってるよ
色のイメージを取り入れたのはナイス！テーマカラーを1色に決めて統一するとより効果的！

色のイメージを考えて、
テーマカラーで持ち物を統一しよう

印象付けに色を使うことは、簡単で効果的です。

全身ピンク色、白スーツ、赤ジャケット、など芸能人でも自分のテーマカラーを持っている人は多いですし、アイドルグループはそれぞれメンバーカラーを持っています。

ビジネスの世界でも、色は活用されています。

ある広告会社の男性営業マネージャーのテーマカラーは赤色。

新人時代、３回目の面会なのに名刺を差し出され、自分のことを覚えてもらえていないことにショックを受けた彼。「色」の力を借りることにしました。目立つ「赤色」をテーマカラーにして、ネクタイやバッグなどに取り入れたところ、反応上々！　常に目立つようになり、一度で覚えてもらえるようになりました。

それ以来、今でも「赤色」が彼のアイコンになりました。

テーマカラーを使う時には、全身に使わなくても大丈夫です。ネクタイなどの差し色や、小物の色に使うこともオススメです。

小物や持ち物に使う場合は、１点のみではなく、**名刺入れ、ペン、ペンケース、財布、眼鏡、ハンカチ、携帯ケースなどをテーマカラーに統一すると効果的**です。

色を決める時には、自分が好きな色や似合う色、という観点以外に、色が持つイメージも加味して選びましょう。**自分が持ってもらいたいイメージと、その色が持つイメージが合致しているかどうかも大事なポイント**になります。

赤……………熱い、情熱的、活動的、興奮、エネルギー
黄……………明るい、希望、快活さ、希望、あたたかさ
ピンク………やさしい、かわいい、柔らかさ、幸せ、愛情
オレンジ……明るい、元気、健康的、親しみやすい、にぎやか
緑……………自然、安らぎ、調和、癒し、さわやか、平穏
青……………冷静、クール、誠実、知的、平和
紫……………高貴、高級、神秘的、不思議、優雅
白……………清潔、純真、正義、平和、潔白

色にはバリエーションがあります。
原色系だと元気すぎるのでもっと落ち着いた雰囲気にしたい、という場合は、例えば赤色でも、鮮やかな赤色ではなくワインレッド、緑色でも、明るい緑色ではなくオリーブグリーンを選べば、シックなイメージになります。

また、**色の影響力は、相手だけでなく着用している自分にも及びます。**

私はイラストレーターになってから、「トマト色」＝「赤色」をテーマカラーにしています。周りからは好評でしたが、赤色を全身に使いすぎた結果、着ている私が、常に活動的で興奮するスイッチが入った状態になってしまい、「グレーや黒が着たい……」と、疲れてしまったことがありました。

それ以来、ここぞという時には洋服にも赤色を使いますが、普段は小物を中心にして、自分にとって心地いい使い方を工夫するようになりました。

どんな色でも、使いすぎにはご注意ください。

自分が持ってもらいたいイメージを考えて、テーマカラーを選んでみましょう。実践してみると、きっとすぐに色の効果を感じることができるでしょう！

4 「眼鏡」は万能のキャラ付けツール

スクエアは
シャープで知的！
オーバルは
柔らかで
ナチュラル！
眼鏡は
フレームの形で
それぞれ違う印象を
与えられるよ
えっ！
べじこさん
の
フレーム
って…
七角形
アーティストぽい
キャラ付けに
ぴったり
お客様と話の
きっかけにもなるわ

眼鏡のフレームの形・色・素材で
様々な印象付けが可能

時計やボールペン、アクセサリー、ノートなど、小物は面積は小さいですが、うまく使えば印象付けにとても効果的です。**中でも優秀なアイテムとして「眼鏡」があります。**

眼鏡はバリエーションが豊富で、色々な印象を与えることができます。特徴のある眼鏡を選べば、トレードマークにもなります。

「白い眼鏡」が印象的な友人は、初対面のお客様にクスッと笑ってもらえて、話のきっかけにもなり「安っぽいドン小西みたい」と一度で覚えられるそうです。

テレビのディレクターの友人は、街ゆく人に声をかけ、街頭インタビューを撮影するのが仕事でした。１８０ｃｍの長身に四角い眼鏡とヒゲの彼は、声をかけた時に子供たちにこわがられることが多く、困っていました。

考えた彼は、四角い眼鏡を丸い眼鏡に変えました。人間は丸いものに安心感を感じると言われています。丸い眼鏡にしてからは、子供たちの反応も変化。こわがられることなく、インタビューできるようになったそうです！

私は、営業時代は、主張しすぎない茶色いスクエア（長方形）の眼鏡をかけていました。

イラストレーターになった現在は、深い赤色でチタン素材のフレーム、七角形の眼鏡をかけています。目立ちすぎないのにキラッと光る存在感があります。アーティストっぽい個性的なキャラ付けに一役買ってくれています。

「スクエア（長方形）はシャープで知的」「オーバル（楕円形）は柔らかでナチュラル」「ウェリントン（逆台形）は落ち着きがあり知的」「ボストン（丸みのある逆三角形）はおしゃれでクリエイティブ」など**フレームの形や、色、素材によって、様々な印象を与えることができます。**

顔の形によっても似合う眼鏡が違うので、自分に似合って、与えたい印象に近づける眼鏡を見つけてください。

その際、**顔だけではなく体全体が映る鏡で、全身を見て眼鏡を選ぶことが重要**です。営業時の服装で眼鏡を見に行くのもいいでしょう。

私は、眼鏡屋さんになりたいイメージを伝えて眼鏡を選んでもらい、自分の好みで２本にしぼり、最終決定は友人たちにお願いしました。眼鏡のプロや周囲の人たちの客観的な意見も参考になります。

5 キャラに合う「話し方」を意識しよう

自分の話し方の特徴を知って、
話し方を工夫しよう

見た目の次に、相手に大きな印象を与えるのが、声や話し方です。


不動産仲介、20代男性営業の話です。

仲介の仕事では、1回目の面談で契約を結んで頂くことが重要になるそうです。

親しみやすいキャラの彼が、初回の面談時に気を付けていたのが、話し方です。

普段は早口なのですが、売却金額の提示や今後の提案など、お客様にとって大事な話は、落ち着いて、ゆっくりと、低い声で話すように意識していました。

「あ、話しやすいだけでなく、思ったよりしっかりしてそうだな。信頼できそう」

話し方を変えると、お客様もじっくりと話を聞いてくれる姿勢になりました。


声の大きさ、高さ、スピードなどを工夫することで、相手に与えたい印象を残すことができます。


低い声でゆっくり話すと、落ち着いた印象と信頼感を与えることができます。

低い声は誠実な印象を与えるので、クレーム対応にも向いていると言われています。

但し、声が低すぎると、聞き取りづらく、暗い印象を持たれてしまうかもしれないので、注意しましょう。

高い声は、明るさや元気の良さを感じさせます。元気良さを表現したい最初の挨拶や、聞き取りやすさが重要な大勢の前でのプレゼンテーションでは、高い声が向いています。但し、声が高すぎると、騒々しく耳障りになってしまうので、気を付けましょう。

いずれも、**普段の自分の声の大きさや高さ、スピードを踏まえた上で、与えたい印象に適した話し方を意識することが大切**です。

私の場合は、声は大きく、少し低めで、少し早口です。興奮すると声が大きくとても早口になる傾向があるので、話す相手の方を置き去りにしないように、興奮しすぎた時は、「すみません……落ち着きます」と一言添えて、落ち着いて、声のボリュームを落として話すようにしています。

自分では、自分の話し方の特徴や癖はなかなか分からないものです。

「声が小さくて聞き取りづらいよ」

「声が低くて落ち着いていていいね」

など、これまで自分の話し方についてフィードバックをもらったことはありませんか？

私は周りの人に言われて初めて、自分の声が少し低めだと知りました。

先輩や同僚に、聞いてみるのもいいかもしれません。


「方言」を使って話すことも、相手に印象を与えることができます。


名古屋出身、名古屋在住、ｗｅｂサイト制作会社の女性の話です。

地元の年配の社長が「初めてのサイトを作成したい」とのことで、訪問しました。親身になって話を聞き、目的や予算に合わせて４パターンのプランとデザイン案を提案。無事受注に至りました。

「ヒアリングから提案までの頑張りが受け入れられてよかった！」

と思って、社長に聞いてみました。

「受注の決め手はなんでしたか？」

「名古屋弁が良かった」

「えーっ」

想像もしない返答に、思わず笑ってしまったそうです。

外見もビシッと決まっている彼女が、スマートにプランを提案してくれたけれど、話す言葉が名古屋弁だったということが、同じく名古屋弁を話す社長には親しみを感じられたのではないでしょうか。

あなたが普段は方言だけど、営業の時にはあえて封印しているとしたら、もしかしたら、営業の時にも使ってみてもいいかもしれません。

見た目がパリッとしているのに方言を話すところに、お客様はギャップや親しみやすさを感じるかもしれません。

初対面では「話し方」も重要なポイント。お客様にどう感じてもらいたいか、自分のキャラをどう見せたいかを意識して、自分の「話し方」を工夫してみましょう。

6 「姿勢」「態度」「しぐさ」を効果的に使おう

与えたい印象を残せる
態度やしぐさを研究しよう

無意識にしているしぐさや態度も、意識することで、自分のキャラを印象付けることが可能です。

猫背、うつむきがち、視線が泳ぐ、目線が合わない、という態度は、相手に自信が無いように感じさせます。「自信無いキャラ」に思われてしまうかもしれません。

もし、そういう癖があるなら、逆の態度を取ってみてください。

背筋を伸ばして、顔をあげ、まっすぐ相手の目を見る。それだけで、自信があるように見えるでしょう。

初対面の時のしぐさが、契約につながった話を紹介します。

証券会社の男性営業は、コツコツ地道に努力する誠実なキャラ。自分でも、口が立たないタイプであることを自覚していました。

お客様のお店やご自宅に初回訪問した帰りに、必ず、くるりと振り返って正面に向きを変え、ぺこりと深いおじぎをしました。

後日、契約に至ってから、

「あれ良かった！ それで契約を決めた」

と特に年配の女性のお客様に、おじぎの話をされることが多かったそうです。

彼の誠実な人柄を表していたおじぎ。

奇抜な格好をしなくても、口下手でも、自分のキャラをお客様に印象付けることに成功しています。

私の例です。

前述しましたが、私は童顔なので、若く見られがちでした。

特に新人時代は「若い女の子」という扱いをされることもあり、時にはなめられていると感じることもありました。

ある不動産会社のお客様で、いつもは温厚な専務とお話をしていたのですが、初めて社長とお会いできることになりました。

登場したのは、体格が良く、声が大きい、コワモテの社長！

「はじめまして！」

元気よく名刺交換をした後、社長が私の顔をじっと見てきました。

「こいつ、本当に大丈夫かな?」

という心の声が聞こえてきました。

「大丈夫ですよ!」

心の中で答えながら、顔は笑顔のまま、社長の目をじっと見返して応戦!

絶対にこちらからそらさない!

漫画なら「バチバチバチ……」という音が聞こえそうなくらい長時間見つめあって……

いや、にらみあっていた気がします。

「社長に信頼して仕事を任せてもらいたい」

と思っていた私は、強い思いで目をそらしませんでした。


「骨がありそうなキャラ」が功を奏したのでしょうか。社長との商談はうまくいき、その後も本音で仕事ができ、私が異動するまで長くお取引頂く関係性が続きました。


意外と、**態度やしぐさも、キャラを印象付けることに効果がある**と感じられたのではないでしょうか。

あなたなら、自分のどんなキャラを印象付けたいですか?

7 インパクトある「一言」を見つけよう

自分を印象付ける
一言フレーズを考えてみよう

あなたは、名刺交換の時に必ず言う「一言」がありますか？

見た目や話し方以外にも、初対面で自分のことを覚えてもらえる方法があります。

印象に残る「一言」を用意しておき、最初の挨拶や名刺交換の時に初対面の相手に伝えるのです。


「数学の鈴木です」

鈴木という名前はよくありますが、数学の専門家の鈴木さんには初めてお会いしました。

「す」が2回続くので、声に出してみると非常にキャッチー。

「数学の鈴木さん」一回で覚えました！


「東京海上日動の三井です」

「えっ、東京海上日動？ 三井住友海上？ どっち？」

思わず、相手は心の中でそうつぶやいてしまうでしょう。

名刺交換の時にあえて一言添えると、相手がクスッと笑ってくれて、一度で覚えてもらえるそうです。

「トマトをかぶっているべじこです」

これは私の例です。名刺のイラストのべじこがトマトをかぶっています。イラストレーターのべじこでもいいのですが「トマトをかぶっているって何？」となって、インパクトがあります。

「一言」を考える際は、社名や仕事と、名前をセットで覚えてもらえるものが望ましいです。

あなたの周りにキャッチフレーズを作るのが得意な人がいたら、一緒に考えてもらうのもいいでしょう。

名刺を渡す時や自己紹介をする際に「一言」を言うことで、相手に印象付けて、覚えられやすくなります。

しゃべり下手な人ほど、事前にインパクトのある「一言」を用意しておくと楽です。

8 「ギャップ」があれば効果倍増

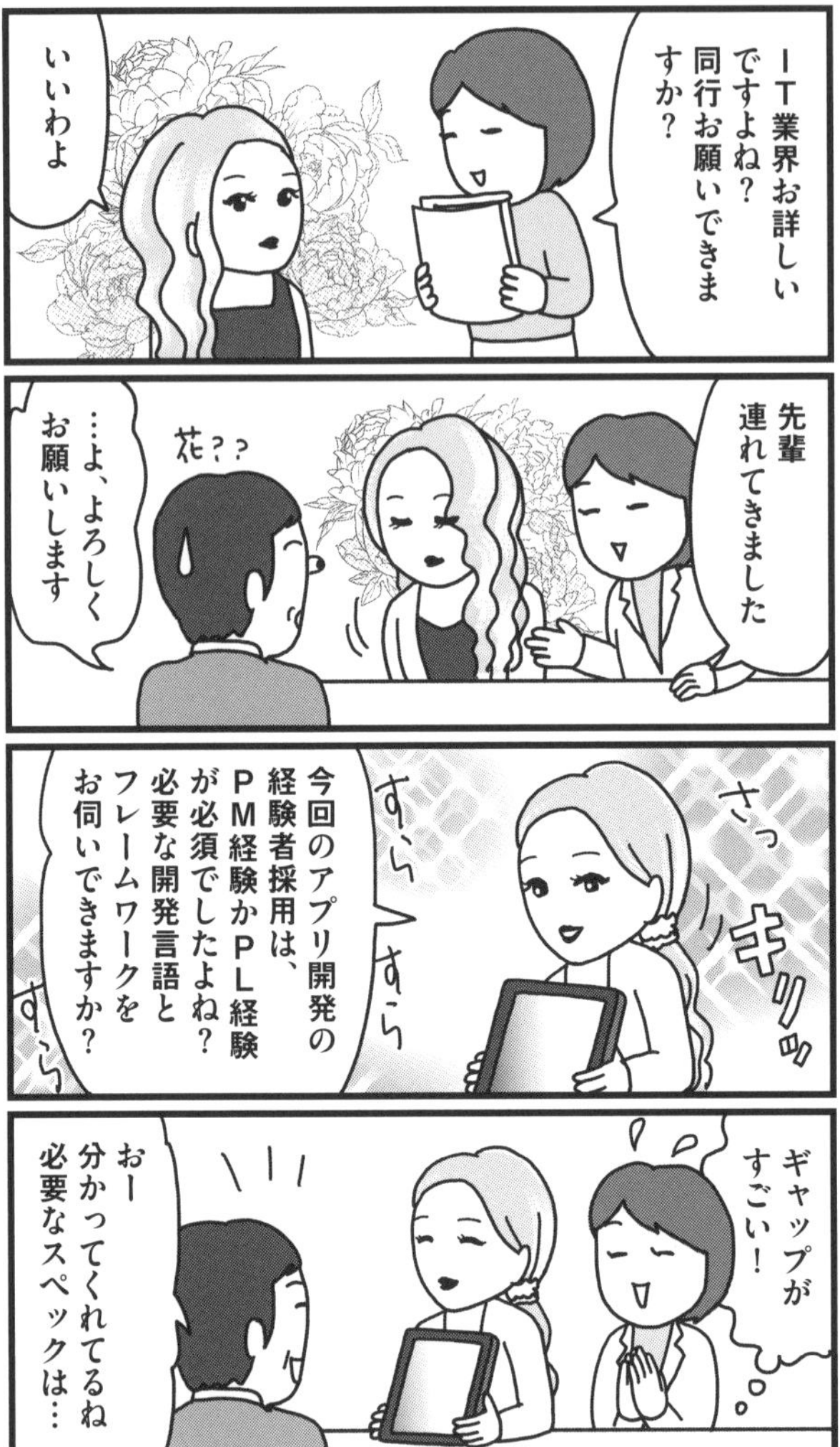

IT業界お詳しいですよね？同行お願いできますか？
いいわよ
先輩連れてきました
花？？
…よ、よろしくお願いします
さっ
キリッ
今回のアプリ開発の経験者採用は、PM経験かPL経験が必須でしたよね？必要な開発言語とフレームワークをお伺いできますか？
すらすら
すら
ギャップがすごい！
おー分かってくれてるね必要なスペックは…

見た目と中身のギャップで
強い印象付けが可能

印象付けには、ギャップも非常に有効です。

服装もメイクもビシッと決まっていて、いかにも出来る見た目の弁護士の女性がいます。そんな彼女が取り出したスマホケースは、青い魚。ケースの形状が魚の形になっています。

「え、魚……?」

スマホケースを思わず二度見して、クスッと笑ってしまいます。

一見隙が無さそうな彼女に、周囲は親しみを感じてほっとしました。

仕事ができそうだけどちょっと近寄りがたい、真面目で好印象だけどちょっと話しかけづらい。そんな人は、小物や言動でお茶目な一面を見せると、そのギャップにお客様が親近感を感じてくれて、グッと距離が縮まります。

また、**見た目と中身のギャップは、相手に大きな印象を与えることができます。**

人材採用業界の営業、私の後輩の話です。

明るい茶髪、ピンクや水色など派手な色のキャミソールにジャケットをはおったスカートスーツ、本人曰く「仕事の後、そのまま飲みに行ける格好」で営業に行っていました。ジャケットをはおらないと露出度が高すぎて、社内でも、

「それで営業いくの？　チャラチャラしてるな～」

と言われていました。

さすがにマネージャーが彼女に注意するのかと思いきや、

「君はそのままでいいよ。逆に変えなくていい」

え、チャラチャラしたままでいいの……？

「その分、中身を磨きなさい。ちゃんとした日本語を話しなさい」

彼女はその教えを守り、自分のしたいファッションは変えずに、正しい敬語を学んで、話し方やメールの文章で敬語を徹底、商品トークもしっかり練習しました。

チャラチャラした見た目なのに、中身はしっかりしているということで、お客様からのクレームもなく、営業上困ったことは一度もありませんでした。

続いて、車の中古車売買の男性営業の話です。

茶髪の坊主頭に黒ワイシャツを着た彼は、お客様に「もしかしたらガラ悪い……？」と思われそうな見た目です。

しかし、実は中身はすごく真面目。話をして仕事をすればすぐにお客様に「仕事は真面目にするんだ！」と分かってもらえるそうです。

彼は、イメージアップの振れ幅を大きくするために、わざとマイナスイメージから入る見た目をしているという強者です。

最初の悪い印象をポジティブに裏切ることで、より強い印象を相手に与えることができます。

なかなか変えづらいと言われる第一印象も、好印象にイメージアップすることが可能なのです！

但し、自分の言動や仕事ぶりが少しでもよくなければ、相手の第一印象を変えることができずに、マイナスイメージのまま終わってしまいます。

うまくいけばすごく好印象、でも失敗すると悪印象。くれぐれもご注意ください。

9 トップセールスを完コピしよう

トップセールスの北川さんを完コピするぞー！
ボールペンは上質で嫌みの無いブランド
髪型は短髪パーマ
スーツも北川さん風にバッチリ…
あ…
あれ？北川さんの完コピやめたの？
マネできなかったからあきらめた…
足の長さ的に…

トップセールスを観察して、
真似できるところは取り入れよう

売れる営業への近道として、トップセールスの先輩を完コピする（そっくりそのまま真似する）という方法がよく紹介されています。

まさに完コピから売れる営業になった、女性の事例です。

ふんわりした笑顔が印象的な外資系証券会社の女性営業、お客様は資産1億円を超える富裕層です。

新卒入社まもない彼女は、売れるために、社内のトップセールスの先輩の完コピをすることにしました。

手帳はルイ・ヴィトン、万年筆はモンブラン、スーツは高級ブランド、靴はルブタン。全て高級ブランドです。もちろん靴はピカピカに磨き上げます。

どこからどう見ても「できる証券営業」キャラの完成です！

セールストークは、できる先輩のトークを丸暗記。

先輩ほど知識も経験もありませんが、お客様の前では分かったふりをして、知的なアナウンサー風にトークを繰り広げます。

私は女優！「できる証券営業」キャラを演じきります！

できる見た目効果で3回目のアポイントまではこぎつけられるのですが、そのあたりで、お客様に中身が追いついていないとバレてしまうそうです。

さあ、バレたら、どうなってしまうのでしょう？

「3回目までに『いい子』だと思ってもらってるから、大丈夫だよ！」

完コピ能力が高いだけではなく、実は彼女、とても努力家なのです。分かったふりをしてトークをし、お客様の質問も分かったふりをして聞きますが、持ち帰って、次回の訪問までにしっかりと勉強して誠実に答えます。

さらに、共感能力が高く、お客様が何を言ってほしいかを先回りして会話をし、お客様が彼女と話す時間は、とても楽しく心地いいものになっているそうです。

「できる証券営業」だと思っていたけど、3回ほどアポイントで接するうちに、

「思ったより、商品知識が無いかも……」

「意外と、経済の知識が無いかも……」

とお客様も気づくらしいのですが、その頃にはすっかり、誠実で人当たりが良い彼女自身のキャラに惹かれていて、安心して契約してくださるそうです。

努力家の彼女のことです。新人の頃は商品や経済の知識が追いついていませんでしたが、その後、勉強を重ね、経験も積み、お客様を満足させられるだけの知識でお応えできていたと思われます。

ある生命保険会社の女性チームの売れている人のタイプは、2つに分かれるそうです。

①髪の毛はロング、スカート、ハイヒール、きれいなお姉さんタイプ
②年齢層高めで、親しみやすくしゃべりやすいタイプ

自分が目指せるとしたらどちらでしょう？
年齢は変えられませんが、①の見た目は完コピすることが可能です。

あなたの会社のトップセールスはどんな人ですか？
活躍している営業に共通することがあるかどうか、一度よく観察してみましょう。
そして、真似できるところ、参考にできるところは、取り入れてみてください。

10

あなたもやってみよう①　初対面の印象付け

ここまで、初対面の印象付けのポイントと実際の事例を紹介してきました。信頼される見た目にプラスして、印象付けて覚えてもらう工夫も考えてみてください。

早速、あなたもやってみましょう！

◉業界（　　　　　　　　　　　）（　　　　　）年目

1 お客様は誰か？（業界、性別、年齢層など）

（　　　　　　　　　　　　　　　　　　　　　　　　　）

2 どう見られやすいか？（特に困ったことがあれば）

（　　　　　　　　　　　　　　　　　　　　　　　　　）

3 どう見せたいか？

（　　　　　　　　　　　　　　　　　　　　　　　　　）

4 **1**～**3**をふまえて、初対面で印象付けるためにやってみたいことは？
次の項目から選んで、具体的にしたいことを書いてください。
服装、テーマカラー、印象的な小物、話し方、姿勢、態度、しぐさ、ギャップ

（　　　　　　　　　　）
（　　　　　　　　　　）
（　　　　　　　　　　）

例

◉人材採用 営業5年目

1 お客様は、中小企業の経営者、人事部門の責任者

2 実際の年より若く、キャリアが浅く見られる。不安に思われる。なめられる

3 年相応に見られたい。信頼できそうと安心してもらいたい

4 **服装：**スーツではなくジャケットとパンツスタイルにする
態度：姿勢よく、堂々とした態度を心がける
テーマカラー：ボールペン、名刺入れ、ノートを赤色に統一する

2 ダメなところも含めて、素を出す

SNSでは、ダメなところも含めて、素を出しましょう。

私は「長所も短所も自分のキャラ」と思っているので、自分のダメなところを出すことにほとんど抵抗がありません。でも、失敗や苦手なことを人に見せることには、ちょっと勇気が必要な人もいるかもしれません。

しかし、「人に好かれる」という点においては、少しくらいおっちょこちょいだったり、苦手なことがあったりする人の方が、親近感を感じてもらえます。

完璧な人より、完璧じゃない人の方が意外と好かれるのです。

普段何でもできる人が、失敗したことや苦手なことなど、ちょっとダメなところを見せると、周りの人は「意外とそんな面があるんだ」と人間らしさを感じてくれます。

ダメなところには、その人の素のキャラが見えるもの。

ダメなところも、いいところも「素」の自分をSNSに投稿してみてください。

周囲の人との心の距離が縮まったり、逆に人気が出たりするはずです。

第3章

キャラ営業の実践

【内面編】

1 内面のキャラは自分の持っているものを活かそう

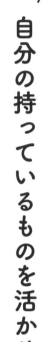

長所や得意なことを活かせば、
楽しくて成果も出る！

内面のキャラは、自分の持っているものを活かしていきましょう。

自分に無いキャラを作ると、疲れるし長続きしません。

自分の長所や得意なことを活かしたキャラは、楽で楽しいです。自然にできることなので、意識して磨いていけば、さらに成果が出ます。

自分の長所や強みを知ることも、キャラを活かす上で大切です。

但し、活かし方によっては、短所も営業に役立ちます。

例えば、私の場合、

「楽しいおしゃべりキャラ」……「おしゃべり」×「笑顔」

「社長と勝負キャラ」……「愛嬌」×「大胆」×「図々しい」

「おしゃべり」も「図々しい」も長所にも短所にもなり得ますが、**組み合わせることでうまく活かせたら、誰にも真似できない強みになります。**


また、「雑学に強い」なら、どんなお客様にも話が合わせられるようになる、「几帳面」なら、お客様の情報管理・分析を徹底してニーズ発生のタイミングをつかんでアプローチできる等、どんな長所もとことん突き詰めて活かせば、立派なキャラになります！

2 「おしゃべりしてるだけキャラ」

そうですよね～
あははははははは
はははははは
べじこさんて…
お客さんとこでおしゃべりしてるだけだよね
だけって…
笑ってるイメージはあるね
あ、もしもしべじこです
はははははそうですね～
またた…
やっぱり笑ってる…
あははははははは
はい！100万円お申込みありがとうございます
！。

普段の楽しいおしゃべりの中で
営業するスタイル！

キャラを活かした営業の例として、私の話を紹介します。

冒頭で、楽しくおしゃべりしているだけで受注しているという漫画がありましたが、実際に、私の営業に同行した後輩たちにこう言われたことがありました。

「キャピキャピ営業ですね」

「おしゃべりしているだけですよね」

おしゃべりしているだけのキャピキャピ営業……

随分な言われようですが、私の日々の営業活動は、はたから見たら楽しいおしゃべりに見えたのかもしれません。

営業と言えば、企画書を用意して、社長の前でプレゼンテーション！というイメージがあるからでしょうか。もちろん、企画書を作ってプレゼンすることもありましたが、普段の営業は楽しくおしゃべりするスタイル。

おしゃべりしながら、最近のお客様の状況、関心ごとをヒアリングしています。

おしゃべりしながら、お客様に興味がありそうな同業の採用市場や、成功事例をご紹介しています。

雑談のような雰囲気なので、私も気負わず気楽な感じで話せますし、相手も構えずに聞いてくれて、リラックスして本音で話してくれることが多いのです。

「最近の新しい手法ですが、結果がすごく興味深いんです！ ほら、面白くないですか？」

「へ〜、面白いけど、うちでは無理かな〜」

「え、どうしてです？」

「部長が新しいことに慎重なんだよね〜僕は面白いと思うんだけど……」

「そうですか〜、同業さんが成功したら部長もやってみようと思いますかね？

それとも、いつもの企画の回数を増やす方が現実的でしょうか？」

おしゃべりしつつも軽くプレゼンをして、お客様の率直な反応を見て、受注の障害になりそうなことを想定して、次に提案する時の材料を揃えておくのです。

前日に「今年は採用予定ないな〜」と言っていたお客様から電話がかかってきて、

「ごめん！ 欠員が出たからすぐ募集かけたい」

ということもあります。

普段からおしゃべり……ではなく営業活動を進めておくと、いざ、ニーズが発生した時に提案がスムーズです。それどころか、すでに営業が終わっていて、あとはスムーズに受注するだけ、という状態ができていることもあります。

今思えば、キャピキャピ営業は、楽しいおしゃべり好きな私のキャラを活かした営業スタイルだったのでしょう。

自分のキャラを活かすと言っても、すごい長所である必要はありません。

「おしゃべり」好きでもOKです！

自然とやっていることが、キャラに活かせるかもしれません。

自分のキャラに合う営業は、楽で楽しいのです！

3 白いスーツの「媚びないキャラ」

今日同行させていただきますよろしくお願いします！
よろしく！
私お客さんに絶対媚びないから
私はそうは思いません！
きっぱり
ヒャヒャ
本音が過ぎる〜
私はこちらの方がいいと思います なぜなら…
なるほどね じゃそれでいこう
ほっ
この間、相談した件 本音で応えてくれて ありがとう 女子社員喜んでたわ
お役に立ててよかったです
！

誰が相手でも変わらぬ態度と本音で、
信頼される存在に！

人材サービス業界の女性営業の話です。

彼女のお客様は、中小企業の年配の経営者。

彼女が、白いスカートのスーツを着て営業に出かけたところ、

「白いスーツが印象的ですね」

「先日も白いスーツでしたね」

とお客様、さらには商談相手ではない社員さんからも声をかけられました。

「白いスーツ、よっぽど目立つんだ！」

直接話をしていない人にまで覚えられていることに、びっくり。

もともと目立ちたがりで、人と服がかぶるのが嫌いな彼女は「白いスーツ」を追加で2着購入！ 営業用の「勝負服」と決めました。

それからは意図的に、初めてのアポイントや重要な商談など、大事な日には「白いスーツ」を着用しました。

お客様の会社の方たちから「白いスーツの人」と呼ばれて、印象付けに成功！

そんな彼女、「白いスーツキャラ」なだけではありません。

どんなお客様の前でも、絶対に「媚びないキャラ」なのです。

お客様にへりくだったり、気に入られるために褒めたりすることは、絶対にしない！

「お忙しいところ、わざわざ時間を取って頂いてありがとうございます」

なんて、お客様でも絶対言わない！と決めています。

それくらい言ってもいい気がしますが……。


もちろん仕事はきっちりやるとしても、普段「社長、社長」と言われて、持ち上げられることも多そうな年上の社長相手に、そんな態度で嫌われないのでしょうか？


結果は、嫌われることはありませんでした。

彼女は、お客様から意見を求められることがとても多いのだそうです。

「『社長は厳しすぎる』って女性社員に言われるけど、○○するのってどう思う？」

「そんなんされたら、私なら多分辞めますね～」

社長から意見を求められた彼女は、率直に自分の意見を答えます。

彼女の一貫して媚びない態度が、社長にとって、率直な意見を言ってくれる貴重な存在として評価されていたのです。

一見、短所にもなり得そうな「媚びないキャラ」ですが、しっかりお客様に認識されて、選ばれる存在になっていました。

キャラとして認識されるには、一貫してそのキャラを出すことも大切です。

担当者には媚びないけど、社長には媚びる、女性には媚びないけど、男性には媚びる……、そういった態度では印象も悪く、認識されなかったでしょう。

周囲が認識して初めて、キャラとして成り立ちます。

4 スーツを着ない「雑談でお役に立つキャラ」

お客様の懐に入り込んで
お役に立つスタイル！

食品卸売業界の男性営業の話です。

彼は、社内で「スーツを着ない営業」として有名です。

大手外食チェーンや量販店がお客様ですが、本部に営業に行くばかりでは成果が出ないと考えました。そこで、担当している店舗の中でも、業績の良い大型店の厨房責任者のところに営業へ。

実は、厨房を初めて訪問した際、パリッとスーツに革靴で決めた彼は、

「……そんな格好で来るんじゃねー！」

責任者に追い返されてしまいました。

前掛けをかけた料理長にとって、厨房にスーツと革靴は場違い。傲慢にも映ったようです。

それ以来、ジャンパーに礼儀正しさを表すネクタイ、パンツは濡れてもいいチノパン素材、床を傷つけない黒っぽい単色のスニーカー、髪は短髪。スーツを着ないスタイルを徹底しました！

2回、3回と訪問して、

「TPOが分かってきたな。目線も揃えてきたな」

ようやく料理長に認められて、話を聞いてもらえるようになりました。

他の店舗への影響力が強い大型店の厨房責任者が、

「この営業に任せよう」

と選んでくれると、他店舗もそれに追随して、選んでくれるようになります。

結果、チェーン全体での取引拡大につながりました。

量販店も彼のお客様。彼の服装なら、バックヤードで荷出しの手伝いもできます。

スーパーのバックヤードのバイヤーを訪ね、

「こんにちは！今、こんな海苔が売れているんですね～」

荷出しを手伝いながら、会話が始まります。

「海苔と言えば、最近……」

色々なスーパーを回っている彼は、最近の海苔の情報を集めて、バイヤーに提供します。

「おお、ありがとう！」

それだけではありません。

「あ、そう言えば、先日、コーヒーメーカーのことでお困りでしたよね。僕も勉強してみましたが、難しかったです……。

やはりバイヤーさんじゃないと難しくて分からないです。こちら、どうぞ！」

「おお、ありがとう！」

コーヒーメーカーの本を渡しました。

「この営業は、前回自分がした話を覚えていてくれて、ここまでしてくれるんだ！本業の商品とは関係ないのに……」

そうなんです。海苔もコーヒーメーカーも、たまたま担当のバイヤーが扱う商材だっただけで、彼の卸している食品とは全く関係ありません。

なぜ、彼がここまでやるのかというと……

実は、彼が扱う食品は、どこで買っても商品は同じ。ほぼ提案の余地がなく、非常に差別化が難しい。商品の話になると「安くして」と価格の話になってしまいます。

そこで彼は商品ではなく、自分の「キャラ」で差別化を図っているのです。

服装を変えることで、お客様と同じ目線に合わせる。

自社の商品と関係なくても、お客様が困っていることに応えて役に立つ。

お客様の心に入り込んで「こいつに任せれば大丈夫」という存在を常に目指しています。


その結果、料理長にもバイヤーにも信頼されています。

お客様と1時間あれこれ話した後、

「次入れておきますね！」

何と本業の営業は、帰りの数分で終わってしまうそうです！

5 金髪の「ジャンケン営業キャラ」

営業をエンターテイメントに!

遊び心を活かしたスタイル

建設業に勤める男性営業の話です。

お客様は、ゼネコンの下請け業者である販売店や代理店。お客様を訪ね、「見積もりを出させてください」とお願いして回るのが、彼の日々の営業活動でした。

同業と比べて、知名度、規模、売上とも低く、品質も他社に比べて良いわけではなく、値段もそこまで安くない……せっかく見積もりを出せても、なかなか契約には至りません。

面倒くさがりの彼は、いつかお客様の方から「見積もりください」と言われるようになりたいな〜と思いながら、お客様まわりを続けていました。

「普通に営業していたら、競合他社に負けるなぁ」

そう気づいた彼は、お客様に覚えてもらえる存在になることを決めます。

キャラ作りはまず見た目から。髪の色を金髪にし、ウルフカットにしました。

金髪ロン毛の営業担当は目立つ！

見積もりを頼まれることが増え、前年比３００％で見積書を出すまでになりました。

そんなある日、仲良しのお客様への提案について、あれこれ考えていました。

「このお客様に、取引きしてもらいたいな〜

でも、ただ値段を下げて選んでもらっても、安売りになるだけだしな……そうだ！」

彼は、見積書を2パターン用意しました。

通常値引きの見積書Aと、赤字覚悟の見積書Bです。

「ジャンケンしましょう！ 僕が勝てば見積書A、お客様が勝てば見積書Bを出します！」

「！」


「勝つぞー！」「負けるなよー」

お客様の上司もジャンケンの応援に駆けつけて、事務所内は大盛り上がり！

「ジャンケン……ポン！」

「やったー！」「あああ」

ジャンケン勝負はお客様の勝ち！ 大喜びのお客様。

負けた営業担当の彼は、悔しい反面、めちゃめちゃ楽しい！

「これだ！」

ジャンケン営業の誕生です。

「面白い奴がいる」

業界内で噂になるのに、時間はかかりませんでした。お客様である販売店からゼネコンに、ゼネコンから他の販売店に情報が伝わり、あちこちの販売店から「見積もりを出してほしい」と引っ張りだこに。名古屋から東京にもジャンケンしに行きました！

急な見積もり依頼だと、2パターンの見積書を用意してジャンケンに伺うのが間に合わないこともありました。そうすると、通常の見積書の提出のみになってしまいます。ジャンケンしたいお客様は、仕事の話がくると、同業の中でも、真っ先に彼に情報を伝え、見積もりの依頼をするようになりました！

「見積もり出してよ！」とお客様から言われたい、という理想が叶っていました。

お客様がジャンケンに勝った場合、契約が決まる確率は、ほぼ100％！では、お客様がジャンケンに負けた場合は？それでも、契約率は6〜7割だったというから驚きです。

彼の見積書には、商品の特性を彼が手書きで書き込んでありました。お客様がゼネコンに説明する際にそのまま解説が使えて、お客様の手間を省いてくれる見積書です。いちいちそんな手間のかかることをしている営業担当は、他に誰もいませんでした。

そんな工夫もあってか、ジャンケンに持ち込めば、高確率で契約が決まっていました。

彼の売上と営業成績はうなぎ登り！　ついには、25歳の若さで営業本部長 兼 品質管理部長にまで上りつめました。

商品の価格表を自分で作ることができるようになり、ジャンケンに負けた時の安い見積書でも採算が取れるように、元々の価格を設定できるようになりました。

「ジャンケン営業」が誕生する前、彼は金髪でお客様のところを回りながら、冷静にお客様たちを観察し、日々に退屈しているのを感じ取っていたと言います。

彼の「ジャンケン営業」は、お客様にとってエンターテイメント！

お客様がこぞって彼を呼ぶようになったのは、お客様を楽しませた結果でした。

彼の冷静さと観察力、自由さと遊び心、両方を掛け合わせて生まれたのが「ジャンケン営業キャラ」だったのです！

「キャラ」を存分に発揮し、自らも楽しんで、お客様にも喜ばれて、売上を上げ、会社のシェアアップにも大きく貢献した事例です。

6 長所は当たり前にできること

メールは即返信
お客様からの宿題は当日中に必ず回答
先ほどの質問の件ですが…
Good!
仕事が速い！すごくいいよ！
やめて下さいよ～そんなの誰でもできますよ～
ううん 本当に素晴らしいところだから！あなたの長所よ！しっかり受け取って
は…はい
自分が当たり前にできるからってみんな同じようにできる訳じゃないのよ！
自信持って！
ハイ
べじこさーん
仕事たまってますよ～
どっさり

よく褒められることは何？

長所を知って営業に活かそう

では、ここからは、自分の「キャラ」について考えてみましょう。

自分のキャラを活かすためには、自分を知ることが欠かせません。

まずは、自分のいいところ、長所を知ることから始めましょう。


私は社内の異動で部署を変わる時、チームのメンバーから寄せ書きをもらいました。

「いつもニコニコ」

「笑い声に元気をもらった」

「フロアに無遠慮な笑い声が響いてます」

など、最後はちょっとディスっている気もしますが……「笑顔」「笑い声」という言葉が多いことに気づきました。

違う部署のメンバーからこう言われたこともありました。

「愛嬌があっていいですよね〜」


私にとっては、笑顔も愛嬌も、意識してやっていたわけではないし、「笑顔と愛嬌なんて誰でもできるやん。やればいいやん」くらいに思っていました。

でも、どうやら、周りの人は、

「よく笑うところも愛嬌も、あなたのいいところだよ！」

と思っていて、わざわざ言葉にして伝えてくれたようなのです。


あなたにも、同じようなことはないでしょうか？

自分の長所は、自分では当たり前だと思っていて、褒められても「また言われたな〜」と思って軽く流してしまっているかもしれません。自分では大したことないと思っていても、皆が当たり前にできるとは限りません。**褒められたことは、喜んで、しっかり受け取ってみてください。**


少し意識してみると、日常でも、お客様や同僚から、自分のいいところのフィードバックをもらっていることに気づくでしょう。


「いつも返信のレスが速いから、助かってるよ」

仕事が速いことが長所です。

「そろそろ連絡しようと思ってたら、必ず連絡くれるよね」

お客様の管理やアフターフォローできることが強みです。

自分の長所や強みが分かれば、

「笑顔で会話して、アポの時間を楽しい時間だったと思ってもらえるようにしよう」

「スピードなら誰にも負けない営業になろう」

「新規営業は苦手だけど、得意のフォローでお客様をとりこぼさないようにしよう」

と、今まで以上に仕事に活かし、さらに磨いていくことができます！


当たり前にできて、よく褒められることは、自分の長所です。

よく言われるけど、褒められていることに気づいていないだけかもしれません。思い出してみてください。

そして、長所や得意なことを見つけたら、さらに伸ばしていきましょう。

7 自分の得意分野、強みを持つ

得意分野や強みを確立するには、
まずアピールしよう

あなたは、仕事で得意分野を持っていますか？

「田中と言えば△△」と言われる**得意分野や強みも、その人のキャラの1つ**です。


人材採用の仕事は、機械メーカー、パチンコ商社、人材派遣業……、様々な業界の企業がお客様です。マネージャーに、

「得意な業界を持たなあかんな」と言われたことがありました。


そこで私は、もともと自分が担当している会社が多かった不動産業界に狙いを定めました。

20〜30社の求人募集の原稿をリストアップ。担当営業にヒアリングして、それぞれの原稿の効果を調べました。人数だけでなく、どんな人から応募があったか、どんな人が採用できたか、原稿の何に惹かれて応募したのか。

反響が良かった原稿、悪かった原稿に分けて、効果の良し悪しの理由を分析。条件なのか、原稿なのか……マネージャーにも協力してもらい、徹底的に分析しました。

そして「不動産営業募集 採用成功のポイント分析」が完成！ 当時、不動産業界は定着

率の悪さもあり、慢性的な人不足で、採用に困っている会社が多かったのです。

不動産業界の人材採用に役立つノウハウを持ち、他部署にも協力してもらい、不動産会社に個別アプローチ。そこから、複数のお客様との出会いにつながりました！


また、アパレル業界のお客様も数多く担当していて、そのうちの1社で斬新な手法で経営陣の採用に成功。社内でも賞を取って話題になりました。

そういった仕事が注目されて、

「得意業界は不動産とアパレル」

というキャラが私に定着しました。


キャラが定着すると、その業界の採用事情について同僚や後輩から相談を受けることが増えました。グループ会社の不動産部門の人たちと話す機会もできました。

情報交換することで、さらに業界のことに詳しくなって、詳しくなると、お客様に貢献できることが増えて、また仕事につながる、という好循環が生まれました！

社内でも一目置かれるようになり、自分の自信にもつながりました。

他にも社内には、新規のお客様のアポイントを取るのに長けている「新規アポイント」の達人や、経営者との初アポに同行してもらうと必ず話が展開する「トップアプローチ」が得意な営業マネージャーがいました。

得意な業界がある、新規営業が得意、トップアプローチが強いなど、**自分の得意分野や強みを持つことで、ますますそのキャラは磨かれていきます！**

これから、得意分野を確立したいなら、その分野の勉強やアプローチをするとともに、「○○の分野の仕事をやりたいです！」と社内でアピールするのもありです。周りが認識してくれたら、仕事がまわってくるチャンスがあるかもしれません。

あなたには、これから確立したい得意分野や強みはありますか？
自分の得意分野や強みのキャラを持ちましょう。
他の誰とも代替の利かない存在になることは強いです。

8 あなたもやってみよう② 自分のキャラを見つける

自分のキャラは、自分の中にあります。
長所も短所も自分のキャラ。短所も強みになり得ます。
営業でどんなキャラを発揮していきたいか、楽しみながら考えてみましょう。

【長所・短所一覧】

熱心・素直・大胆・前向き・大らか・感情豊か・リーダーシップがある・創造力がある
明るい・おしゃべり・自由・楽観的・愛嬌がある・元気・行動力がある・ポジティブ
面白い・ユーモアがある・遊び心がある・柔軟・アイデアマン・社交的・人なつっこい
真面目・正確・謙虚・責任感がある・几帳面・ストイック・論理的・マメ・向上心がある
静か・冷静・落ち着きがある・慎重・努力家・あきらめない・我慢強い・集中力がある
好奇心旺盛・独創的・情報に敏感・知識豊富・雑学に強い・仕事が速い・正義感が強い
温和・温厚・丁寧・ゆっくり・フォローが得意・協調性がある・コツコツ・礼儀正しい
繊細・細かい・よく気がつく・親切・裏表がない・負けず嫌い・世話好き・面倒見がいい

新しいことが好き・チャレンジが好き・ムードメーカー・フットワークが軽い・控えめ
せっかち・心配性・優柔不断・頑固・面倒くさがり・マイペース・飽きっぽい
気が強い・気が弱い・不器用・要領が悪い・神経質・完璧主義・図々しい・鈍感
短気・臆病・お調子者・自分に甘い・理屈っぽい・周囲に流されない・しつこい

1 右の一覧から自分に当てはまると思うものに○をしてください。
他にも、自分の長所や短所で思いつくものがあれば、書き出してください。

（　　　　）（　　　　）

2 お客様や社内の人、周囲の人に褒められたこと、評価されたことはありますか？
自分では当たり前と思うことでもかまいません。思い出してみてください。
例 仕事が速い、一緒にいると楽しい、勉強熱心、先を読んで行動することができる

（　　　　）（　　　　）

9

あなたもやってみよう③

自分のキャラを活かす

前ページのワークで見つけた自分のキャラを、営業活動に活かす方法を考えます。

自分のキャラに合う行動は、楽で楽しんでできること。

これまでの営業活動や、他の人の営業活動にとらわれず、自分が楽にできそうなこと、楽しんでやってみたくなることを考えましょう。

1 前ページのワークから、仕事で活かしたいものを2～3つ選んでください。
※自分が最も自然体でいられるもの、自分らしいと思うものを選ぶのがコツ

（　　　）

（　　　）

（　　　）

2 営業活動の中でどう活かせるかを考えて、具体的な行動を2～3つ書いてみましょう。
これまで自然と無意識にやっていたことでもＯＫ。
長所と短所を組み合わせたり、長所を突き詰めたりすると、個性が際立ちます。
※自分が無理なくできること、やってみたいと思えることが大切

（　　　　　　　　　　）
（　　　　　　　　　　）
（　　　　　　　　　　）

3 1週間以内にできる行動を考えましょう。

（　　　　　　　　　　）

4 自分のキャラに名前をつけましょう。
※自分のテンションが上がる名前でＯＫ

（　　　　　　　　　　）

例1

◎人材サービス業／お客様は中小企業経営者

1 活かしたいもの

「おしゃべり」「笑顔」

2 具体的な行動

・お客様と会う接点を多く持ち、楽しい時間を過ごしたとお客様に思ってもらう
・アポイントの時にそのお客様に役立つ情報1つと、営業したいプラン1つを用意していき、会話の中でさりげなく紹介して、お客様の反応をもらう

3 1週間以内にできること

・●●商会の○○さんに電話して次回のアポを取る

4 自分のキャラの名前

楽しいおしゃべりキャラ

例2

◉食品卸売業／お客様はバイヤー

1 活かしたいもの

「熱心」「真面目」「コツコツ」

2 具体的な行動

・お客様に会った時に、困っていることを必ず1つ聞いて帰る
・次回のアポイントまでに、お客様の困りごとに役立つ情報を他のお客様のところで仕入れるか、本や資料を調べて持っていく。アポイントの時には自分の営業の話をできるだけしない。
・毎回、繰り返しやり続ける

3 1週間以内にできること

・○○さんが前回訪問時にコーヒーのことに困っていたので、コーヒーの本を買う

4 自分のキャラの名前

雑談でお役に立つキャラ

3 ネガティブ、愚痴、悪口は書かない

見た人が不快になるような、ネガティブなことや愚痴は書かないようにしましょう。

とは言え、人間だもの。ネガティブな気分の時に、ちょっと愚痴りたくなったりすることもありますよね。「素」を出そうと思ったら、ポジティブで元気いっぱいじゃない時もあります。そんな時は、読んだ人が不快にならないように、投稿してみましょう。

私の場合、ちょっといやなことや愚痴りたいことがあると、1コマ漫画にしてアップします。するとあら不思議。文章だときつく感じることも、漫画になると笑って読めます。

また、愚痴った後の締めの言葉を前向きに書くこともオススメです。きっと、前向きな言葉を書いているうちに、自分の気持ちも楽になっているでしょう。

明るい愚痴やちょっとネガティブな投稿はたまにはいいですが、悪口は別。SNSでは書かないのが正解です。

もし、怒りや悲しみが大きい時は、SNSに書くより、大事な相手に聞いてもらうか、自分のノートに書く方がいいかもしれません。

第4章

キャラを活かすための営業術

1 営業活動の4ステップ①関係を構築する

きょ、今日はよろしくお願いします
こちらこそ
・・・
カチコチ
・・・
さっき社員さんが気持ちのいい挨拶をして下さいました！
こんにちは
こんにちは
気持ちいい挨拶でしたかー
にこーっ
挨拶は基本だからね〜社内でも徹底してるんですよ
ほっ

お客様に安心して
話してもらえる環境を作ろう

この章では、自分らしいキャラを営業で発揮するために、合わせて実践したい営業術を紹介します。

まずは、営業活動を4つのステップに分けて、順番にポイントを解説していきます。

①関係を構築する
②ニーズを確認する
③解決策を提案する
④合意を得る

3章までで、初対面で自分がお客様にどういう印象を与えたいかを考えて、外見や話し方などで印象付けるポイントを説明してきました。

実践できれば、初対面のお客様に、きっといい第一印象を持ってもらえるでしょう。

最初、お客様は、

「この営業はちゃんと自分のことを考えてくれるかな？

ただ売りたいだけじゃないかな？」

顔ではにこにこしていても、心の中では警戒しています。

「あ、この人は信用できそう。話してもいいかな」

と、安心してもらえるような関係性を作っていきましょう。


初対面の時、私がいつも気を付けていることがあります。

それは「テンション」と「ペース」を相手と合わせることです。

静かなトーンでゆっくり話す方には、私も落ち着いて小さな声で。

テンション高く早口で話す方には、私も元気よく。


普段の私は、テンション高めで少し早口なので、初対面でいつもの調子で話し始めると、静かに話したいお客様には騒々しく感じられてしまいます。

お客様とテンションを合わせて話すだけで、お客様に居心地の良さと安心感を与えることができます。


また、**リラックスした雰囲気を作るためには、お客様が話しやすいことを話題にすると**

いいでしょう。

紹介であれば、共通の知り合いである紹介してくださった方の話。

話題のスポーツの話や、時事ネタ。

事前にお客様の情報が分かっていれば、釣りやキャンプなど共通の趣味の話。

訪問した際に気づいたこと、会社であれば受付の方の気持ちのいい対応、個人のご自宅であれば玄関に飾ってある子供の描いた絵の話など。


長々と話す必要はありません。

会話をすることで、お互いが少し打ち解けて、話しやすい空気ができれば大丈夫。

お客様だけでなく、営業も最初は緊張気味だと思いますので、**自分がリラックスすることも大事**です。


そして、もう1つ大事なことがあります。

もしあなたが、

「あと1件受注しないと、数字がやばい！

このお客さんで絶対受注する！」

と思ってお客様の前にいるとしたら、いくら言葉でいいことを言っても、

「あ、この営業は売りたいだけだな」

と気づかれてしまうでしょう。

営業が、本当にお客様のことを考えて言っているのか、本当は売上がほしいから言っているのか、お客様は敏感に感じとります。

思っていることは、態度や言葉に出ます。

私の場合は、絶対受注したい時、ニヤニヤが顔に出ます……。

過度に受注のプレッシャーがある状態で営業することは、できるだけ避けましょう。

営業の最初の段階では、まず、お客様に安心して話をしてもらえる環境を作ることが大切です。

2 営業活動の4ステップ②ニーズを確認する

対話を通じて、お客様が求めていることをつかもう

お客様に最適な提案をするためには、お客様の課題や求めているものを把握する必要があります。

「話す前に、聞く！」

まずは、お客様が欲していることをつかみましょう。

お客様が心の中で思っているけど口に出していない場合もあるし、お客様自身が自分の課題に気づいていないことや、求めているものがはっきりしていない場合もあります。

お客様の言葉だけでなく、本心や、本当は困っていること、求めていることが何かを、対話を通じてキャッチする必要があります。

「経理の社員が辞めるから、欠員募集したいんだよ」

「どんな方を採用したいですか？」

「やっぱり、経理の経験がある人がいいね。あと長く働いてくれる人」

「経理業務を教えてくれる人はいないんですか？」

「長く勤めている係長がいるし、実務ができるパートさんもいるから、教えてもらえるよ」

「では、経理は未経験だけど、これから長く働けるところを探している人はどうでしょう？　係長とパートさんと相性が良さそうな人の方が、長続きしませんか？」
「そうだね。経験があるより、うちに合う人の方がいいな」

お客様が営業と話すうちに、本当に求めていることがはっきりすることがあります。
必ずしも言葉通り受け取らず、丁寧に聞いていきましょう。

丁寧に聞くと言っても、お客様にやみくもに質問したり、尋問のように質問を重ねたりしては、お客様も困ってしまいます。

営業では、事前準備が大切です。
お客様の情報収集をするだけではなく、**大切なのは「仮説を立てること」**。

- **お客様はこんなことに困っているのではないか？**
- **お客様はこんなことを望んでいるのではないか？**

と想像して、仮説を立てます。

そして、仮説に応えられる商品・サービスを想定し、必要な事例や情報を揃えておきましょう。

仮説を立てておくと質問もスムーズです。

仮説が外れることもありますが、お客様の本当の課題が分かれば大丈夫です。質問に答えて頂くうちに、情報が増えていきます。

お客様からしっかり聞いて、ニーズを確認しましょう。

3 営業活動の4ステップ③解決策を提案する

お客様にぴったりの企画を提案させて頂きます！
このように展開することで御社の欲しい人材にアプローチできます！会社のビジョンや社長の想いもしっかりと伝えていきましょう！そのメッセージに共感した方に応募してもらいましょう！
社風が伝わるようなエピソードや先輩社員の声も伝えたいし、そうですね～、他にもあんなことやこんなこと、それから…
トン
すやー
提案する時も主体はお客様！ちゃんと反応を見ながら伝えてね
トホホ

お客様主体で提案する。
お客様と一緒にわくわくしよう！

お客様のニーズが聞けたら、課題に応えられる最適な提案をしましょう！

営業自身が自社の商品・サービスでお客様の課題が解決できる、と自信を持って提案できるプランを作ります。

不安なことや分からないことは、他の営業に情報を聞いたり、事例やデータを調べたりして、提案前にクリアにしておきましょう。

提案で大事なことは、お客様と一緒にわくわくすること。

課題が解決した時のビジョンをお客様と一緒に描きましょう！

提案の際も、営業が一方的に話すのではなく、お客様が理解を示しているか、どこに関心を持っているか、疑問に思っていることはないかを確認しながら、常にお客様主体で行います。必要に応じて、事例やデータを用いて説明しましょう。

お客様が前のめりになって、

「いくらでできるの？」

と質問が出たら、お客様の「やりたくなった」合図！
現実的に値段が合うのか知りたくなったということです。

営業は受注して終わりではなく、契約頂いたら、**お客様の課題を一緒に解決していくパートナーになる**ということです。

人材採用を成功させるパートナー
理想の家をかたちにするパートナー
車選びのパートナー

お客様に、最適な提案だと選んでもらうとともに、この営業に任せたら大丈夫！と営業として選んでもらうことも大切です。

4 営業活動の4ステップ④合意を得る

お客様に率直な本音を
話して頂くことが大切！

お客様に疑問がなくなって、提案に納得して頂けたら、「やりましょう！」と言います。

「……」

お客様が考えている間は、じゃませず待つこと。

どんなに沈黙が耐えられなくても、言葉を発するのは絶対にＮＧ！
提案に対して、お客様の本音が聞ける貴重なタイミングです。
必ず黙って、お客様からの言葉を待ちましょう。

「うーん……ちょっと考えます」

と言われたら？

大事なことは、その場で即決して頂くことではありません。
もちろん、即決頂いたら嬉しいですけど。

「何か気掛かりなことがありますか？」

大事なことは、率直な本音を話して頂くこと。


やりたいけど、何かネックがあるのか。

やりたいけど、自分では決められないので持ち帰りたいのか。

やらないと思っているけど、断りづらいから答えをにごしているのか。

やるかやらないか、他の競合と比較してから決めたいのか。


率直な本音をお聞きできれば、必要な対応が分かります。


ネックがその場で解消できることなら、追加で情報をお伝えします。

その場で応えきれない場合は、宿題として持ち帰りましょう。

不安があればお聞きして、解消できることかどうか、相談に乗ります。

決裁者ではない場合、

「持ち帰って相談する」「会議にかける」

と言われても、必ず、**目の前のお客様がどう思っているかを確認します。**

そのお客様が「やりたい」と思っているなら、営業もそのお客様の味方になって、どうやったら決裁者が「ＹＥＳ」と言ってくれるのか、一緒に作戦を考えます！ 必要な情報があれば追って伝えますし、プレゼン資料が必要なら用意します。

やりたいけど、決められない。よくよく聞いてみると、特にネックもなく、あとは決めるだけ、ということもあります。

私は、何年もお取引のある仲の良いお客様で「ただ決めかねている」という時に、「申込書頂くまで帰りません！」と半日社長室にいたことがあります。

それはやりすぎかもしれませんが、**必要であると感じたら、お客様の背中を押してあげることも大切**です。

「やらない」という回答の場合も、「どうしてですか？」と必ず理由を聞いてみてください。

他の商品を選ぶからやらないのか、今のタイミングではやらずに次の機会にまた検討するのか。やらない理由によっては、他の商品を提案したり、企画の内容を変えたりすれば、検討頂ける余地があるかもしれません。


本音をお聞きして、できる対応をした後は、決断を急かさずに、引くことも大切です。

お客様は「無理やり買わされたくない」と思っています。

返事待ちになった場合は、必ずいつまでに結論を頂くのか、約束しましょう。


もちろん「やります！」と言って頂いた場合は、速やかに申込書を頂きましょう。


最後の段階で大事なことは、ストレートに「やりましょう」ということ。

そして、率直な本音を話して頂くこと。

お客様の味方として、できる対応をして、お客様の決断のサポートをします。

契約が決まったら、売って終わりではなく、お客様のパートナーとしてお客様の課題の解決まで、最善を尽くします。

5 相手のタイプに合わせたコミュニケーション術

自分とお客様のタイプを知って、
適した対応をしよう

新人時代「明るく元気で一生懸命な新人」キャラだった私。

ある時、お客様に質問されたことに即答できず、何とかしようと一生懸命さをアピールしましたが、お客様に「帰って」と言われてしまいました。

あまりに情けなくて、帰りのエレベーターの中で我慢していた涙がこぼれました……。

あなたには、苦手なお客様はいませんか？

他のお客様とはうまくやれているけど、同じようにやっているのに、特定のお客様からはいつも怒られてしまう、ということはないでしょうか。

それはもしかしたら、そのお客様とコミュニケーションの仕方が違うだけかもしれません。

私は営業2年目にこの考え方を知って、営業でのコミュニケーションがすごく楽になりました。

自分のキャラを変える必要はありません。**お客様のタイプに合わせた対応をすることで、コミュニケーションがスムーズになる**ことを知りました。

今でも使っている考え方です。
「ソーシャルスタイル理論」ご紹介します。

◎ソーシャルスタイル理論

１９６８年にアメリカの社会学者デビッド・メリル氏が提唱した、行動科学に基づくコミュニケーション理論です。

行動傾向をもとに「自己主張」と「感情表現」の大小によって、４つのタイプに分類します。

次ページの表で、まずは自分がどのタイプに当てはまるか、チェックしてみましょう。
次に、苦手なお客様を想像しながら、各タイプの行動傾向や特性を見て、どのタイプに当てはまるか推測してください。

ソーシャルスタイル
４つのタイプ

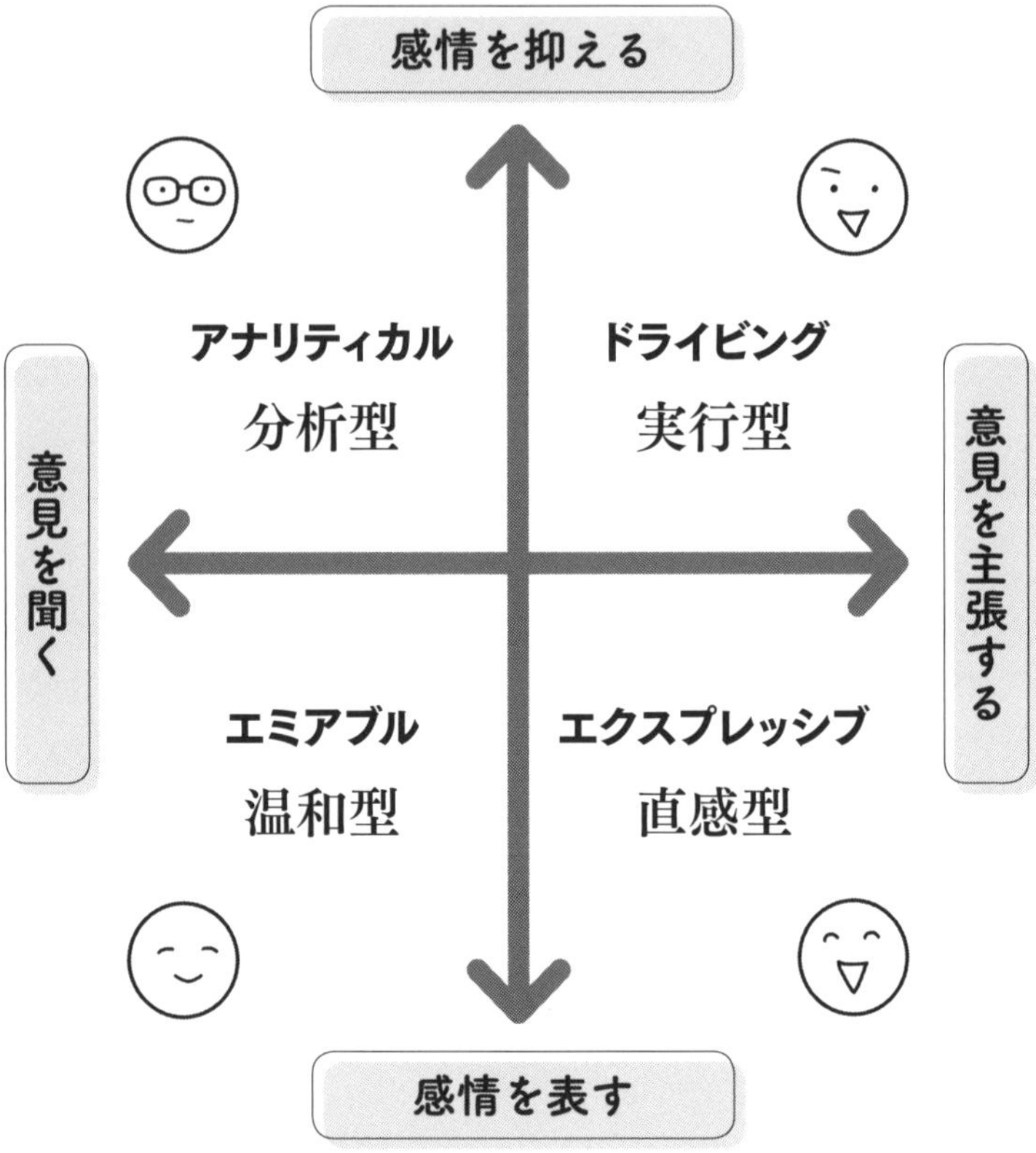

４タイプの特徴と タイプ別・効果的な対応

	行動傾向・特性	効果的な対応
ドライビング（実行型）	・ドライで現実的、とっつきにくい ・はっきり自分の意見を言う ・人に指図されるのが嫌い	・結論から簡潔に話す ・自分で決めたいので、複数案提案する ・無駄な話はしない
エクスプレッシブ（直感型）	・表情豊かで話し好き ・社交的なムードメーカー ・周囲から認められたがる	・ノリよく対応する ・一緒になって盛り上がる ・話がそれたらうまく戻す
エミアブル（温和型）	・聞き上手で親しみやすい ・優柔不断な面がある ・人との関係性を重視する	・共感することを大事にする ・ゆっくり時間を取る ・話しやすい雰囲気を作る
アナリティカル（分析型）	・一見何を考えているか分かりにくい ・コツコツ計画的で几帳面 ・職人気質	・丁寧に話し、あいまいな回答はしない ・急かさず時間を取る ・事実やデータを提示する

自分が苦手なお客様がどのタイプに当てはまるかを想定して、そのタイプに適した対応を試してみてください。

相手のタイプに合わせた対応をすることで、コミュニケーションがスムーズになることを実感するでしょう。

私は、「帰って」と言われたお客様に、次の訪問時に対応を変えてみました。

いらないおしゃべりをせず、前回の質問に簡潔に回答し、すぐに話を切り上げたところ、

「分かってきたね！」

お客様はニヤッと笑い、そう言いました。

お客様の反応の変化にびっくり。信頼関係も一気に修復でき、その後も大きな取引を頂けるいい関係性を築くことができました。

ちなみに、このお客様のタイプは「ドライビング」だと推測します。

私のタイプは「エクスプレッシブ」です。

ぜひ、あなたも試してみてください。

6 お客様に誠実に、人として信頼される存在になる

お客様が身内ならどうする？

いつも誠実に対応しよう

新人時代、先輩から教わったことがあります。

「絶対に受注できるけど、絶対に言ってはいけないトークがある」

「何ですか？」

「この求人広告を掲載したら、絶対採用できます！」

求人広告は、掲載してみないと効果は分かりません。もし、効果が確約されていたら、お客様は発注してくださることでしょう。

証券会社なら「この株を買えば、絶対に儲かります」

結婚相談所なら「うちに入れば、絶対に結婚できます」

受注ができる魔法のトークですが、約束できないことを言って結果が伴わなければ、お客様は営業にだまされたと思うでしょう。信頼を失う禁断のトークです。

私は、自分が営業されるなら、商品知識や経験ももちろんある方がいいですが、お客様のことを第一に考えてくれる営業担当を希望します！

商品知識や経験で足りないところは先輩たちに補ってもらえますが、担当営業がお客様のことより売上優先の「売上至上主義」だと分かれば、どんなにトークがうまくても、「売りたいだけでしょ」と信用できません。

営業時代、私は社内で「顧客スタンス」を評価されていました。

お客様への誠実な対応は、マイナスな言動をしないということだけではありません。**お客様のことを誰よりも考えて、自分が自信を持てる提案をして、お客様の期待に応える成果を出す！　そのためにできることを全力でやる。**

求人広告でお客様の採用をお手伝いするのが仕事だったので、広告の効果を出すことにもとことんこだわっていました。

常に最善を尽くすのは大変でしたが、自分がやるかやらないかで効果は絶対に変わるので、毎回、最善を尽くしていました。

お客様のわがままやできないことはきちんとお断りしますが、社内で頑張ればできることなら、つい無理をきいてしまうこともありました。

例えば、原稿の〆切直前にどうしてもこの原稿を修正したいと言われ、私も修正した方がいいと思えば、ギリギリの中、制作担当に無理を言って修正をお願いしたことも……。来週の掲載に間に合わせるため、庶務担当に〆切時間ギリギリに申込書の入力作業をお願いしたことも……。社内の皆さま、すみませんでした。

お客様にこのリスクを説明したら、受注がなくなるかもしれない。お得なキャンペーンがあるけど、案内したら、今週受注が入らないかもしれない。

受注を目の前にすると、悩ましい瞬間があるかもしれませんが、**もし、このお客様が自分の身内だったらどうするだろう？ と考えてみてください。**

身内に勧められないものは、お客様にも勧めないのが正解ですし、身内にお知らせしたいお得なことは、お客様にもお知らせしましょう。

お客様に誠実な対応をして、信頼を得て、成果を出すと、お客様の方から、「信頼できる営業だよ」と他のお客様を紹介されることもあるでしょう。

お客様にとって、信頼できる営業であり続けたいと思います。

7

人を巻き込むことで、期待を超える成果を出す

お客さんの課題を解決したい！
でもひとりでできることには限界が…
よし！
部署は違いますが、力を貸して頂けませんか？
う…うん
マネージャーも一緒に行って頂けますよねー
ヒィ…じゃなかったうん
すごい巻き込み力…
うん
ゴゴゴ
ゴゴゴ

熱意を持って、人を巻き込む仕事をしよう

人を巻き込むことで、より面白くて、成果が出せて、お客様に喜んでもらえるような仕事をすることができます！

制作担当とタッグを組むことで、斬新な企画を提案できて、期待を超える効果を出せた、忘れられない仕事があります。

ある不動産会社との出会いがありました。設立4年目、まだ小さな会社の営業社員の募集です。

「大きい会社に見えるように、ビルの写真ドーンと出しといて！」

「そんなことしても、すぐに小さい会社とバレますよ！」

社長に意見したものの、どういう原稿展開をすれば、この小さな会社の営業募集に人が集まるのか、まだプランはありませんでした。

叩き上げの社長は30歳とまだ若く、何もないところから社長になった、人間的な魅力を感じる人物。これから一緒に会社を大きくしてくれる、若い頃の社長のようなガツガツした若者を採用したい。この大切な募集を成功させるにはどうしたらいいだろう……

考えた結果、ある制作担当の方に協力してもらうと決めました。

人の魅力を伝える原稿を作ることが得意な方です。きっと社長の魅力が伝わって、採用したい人物に訴えかける原稿を創り出してくれる、と思いました。


人気の制作担当ゆえ仕事が詰まっていましたが、断られるわけにはいきません。

「一緒に採用成功に導いてほしい会社があります！　社長に会ってください！」

熱い思いでどうしてもと口説き落として、お客様のもとへ。

2人で、社長の生き様から募集にかける想いまで、ひたすら聞きました。

その後も一筋縄ではいかず……、企画を作り、打ち合わせとプレゼン、取材・撮影を重ねました。


最終的に掲載されたのは、成り上がった社長の生き様を表すべく、社長が大々的に載った原稿。

「こんな原稿載せていいの？」

あまりにセンセーショナルな内容に、周囲がざわついたほどです。

小さいスペースに無難な原稿を掲載すれば、応募が少なくても「条件が悪いから」で済んだかもしれませんが、大きなスペースで費用もかかり、原稿の内容も斬新。

「ゼロ覚悟でやるわ」と社長からも言われた、勝負をかけた原稿でした。

でも、本当に採用したい人物に見つけてもらい、応募してもらうには、それしかない。

私も制作担当も社長も、全員が最悪のケースも覚悟した上で、勝負に出ました。


結果は……大成功。

効果爆発！ 80人もの応募がありました。素直でガッツのある望み通りの応募者の中から、ドンピシャな人物の採用に成功。その採用で、会社の未来が変わりました。

その結果は、本当に震えるくらい嬉しかったです。


その後、社内のナレッジを共有しあう大会で、進取性を評価されてベストプラクティス大賞を受賞。社内外で有名な事例になりました。

その時採用した若者は、業界未経験からめきめきと実績を上げて、短期間で役員になりました。


お客様との出会いは、私がかけた1本の営業電話から。

お客様の採用が成功したのは、社長の「大きなビルの写真出しといて！」という要望を私がピシャッと断ったことと、この人だと信じた制作担当を連れて行ったことがポイントだったと思います。４年後、担当を離れる際には社長から、私と制作担当に向けて、「今、この会社があるのは2人のおかげや」という言葉をもらいました。

自分ひとりでできることには限界があります。**人を巻き込んで仕事をすると、化学反応が起こり、ひとりではなし得なかった成果を生み出せることがあります！**

いつもと同じパターンを壊して面白い仕事をしたい、お客様の期待を超える成果を出したいと思ったら、人を巻き込んで仕事をしてみましょう。

そのためには、まず、**協力してもらいたい人に自分の熱意を伝えることが大切**です。

ぜひ、やってみてください。

8 「社長と勝負キャラ」お客様のパートナーになる

自分のキャラを活かして、
お客様と信頼関係を築こう

私は、いつもニコニコして「楽しいおしゃべり営業キャラ」の面もありつつ、ここぞという時には、社長と対峙しても一歩も譲らない「社長と勝負キャラ」の面もあります。

会社の設立から、ずっと採用をお手伝いさせて頂いていた社長とは、本音でぶつかれる関係でした。

お客様の会社のことを誰よりも考えている、という自負もあったので、自分が絶対にこうだと思ったら、曲げずに社長と本気でケンカしたことも。

机をはさんで、両者一歩も譲らず、それぞれがプイとあさっての方向を向いて、何時間も黙ったまま時間を過ごしました。今思えば、両者とも大人気ないですね。

お茶を出しにきた女性社員さんが、とても気まずそうでした。

社長に聞いたことがありました。

「社員の方たちは、社長のことをどう思っているんですか？」

「……うーん、分かんない。聞けないよ」

私には何でもズバズバ聞いてくるくせに……と思いつつ、経営者の孤独を感じた瞬間でした。社長と社員では立場が違うし、社員だって社長には言いにくいこともありますよね。その頃には採用で人も増え、会社も大きくなってきていました。

そこで、今後の採用に向けて、という取材の一環で、私が社員の方たちにヒアリングする機会を設けました。

社員の方たちとはそれまでも取材したり顔を合わせたりすることが多かったので、リラックスした雰囲気でヒアリングできました。

社員の方たちが私に全て本音を話してくださることはないでしょうが、社長が知りたかったことのヒントにはなったのではないでしょうか。

社長にフィードバックし、喜んで頂けました。

社外の人間だからこそ、できる役割を果たせたのではないかと思います。

「自分がこれまで所属していた組織以上には、自分の会社を大きくできない気がする」

社長がそうつぶやいたことがありました。

「そうですね」「そんなことありませんよ」

いつもなら、自分の意見を言うところですが、私は経営のことも組織のことも分からず、社長に語れる経験も知識も持ち合わせていませんでした。

マネージャーに同行を依頼して、共に社長を訪ね、経営や組織課題について、社長とマネージャーでざっくばらんに話をする場を設けました。

採用をお手伝いさせて頂いて、人も増えて、部署も増えて、本社も移転して、会社がどんどん成長することに貢献できることは、人材採用の仕事の醍醐味でした。

私が異動で担当を離れることになるまで、ずっと採用担当としてお取引が続いていたので、ケンカしながらも、きっと信頼してもらっていたんだと思います。

お客様と信頼関係を築くための方法は、シンプルに、営業として自分ができることを最大限考えて提案をすること、そして、お客様の期待に応えることだと思います。

でも、それを実現させる方法は色々。私の場合は、お客様とぶつかりながら、関係を築く「社長と勝負キャラ」でした。

きっと別の営業が担当したら、また違うキャラでお客様と信頼関係を築いていくのだと思います。

営業という仕事は、それぞれ自分のキャラを活かしてお客様の役に立てる、自由でクリエイティブな仕事。

自分のキャラでお客様に愛されて、選ばれるようになれば、最強です！

第5章

独立しても使える
キャラ営業

1 個人事業主も「キャラ営業」でうまくいく

個人事業主は
キャラで選ばれると強い！

近頃、企業に勤めながら趣味や好きな分野で個人の活動をする人や、働き方の変化から副業を始める人が増えています。

「キャラ営業」のノウハウは、営業職以外の方でも、個人事業主やフリーランス、個人で活動する方など、自分のキャラを活かして活躍したい人に使えます。

私は、営業を経て、現在はトマトをかぶったキャラクター「べじこ」の名前でイラストレーターとして仕事をしています。

当初から、フェルトで作ったべじこ人形を持ち歩いたり、べじこブローチをつけたり、「べじこ」を表現するために、試行錯誤してきました。

色々やってみた結果、現在、実践しているキャラ表現はこちらです。

小物や持ち物の色を「トマト色」＝「赤色」に統一しています。名刺入れ、財布、ペンケース、ｉＰａｄカバー、眼鏡、スーツケースなど。服装に合わせて赤いリュックを持つ時もあります。

耳元にはトマトのイヤリング。目立ちすぎず、かわいくて、さりげない主張が気に入っています。一方で、自分が主役のイベントや大事な場面では「赤いトマトのベレー帽」をかぶることにしています。トマトベレー帽をかぶっていると、初めて会う人にも「あの人がべじこ」とすぐに分かるので、探さなくていいし声もかけやすい。周りの人に親切です。

名刺は、べじこのイラストが大きく入った、トマトと赤色が印象的な名刺を使っています。
「りんごですか?」と言われることもあるので、「トマト」を印象付けることには失敗しているかもしれませんが、あの「赤の人」と初対面でも覚えてもらえるようになりました。

先日、5~6年前に一度だけ会った方と再会しました。お互いどこで会ったのかは覚えていなかったのですが、
「べじこのブローチしてましたよね!只者ではないな、と思って覚えています」
と言われました。ブローチだけで5~6年もの間、覚えてくださっていたとは!
キャラを印象付ける効果の大きさに驚きました。

キャラが定着すると、一度で覚えてもらえるだけでなく、私のいないところで、

「あのトマトの……」

「べじこでしょ。知ってる！」

と話題にしてもらったり、

「会いたいと思ってました！」

とお会いする前から、存在を知ってくれていたりすることが増えました。

イラストレーターとしては「名古屋市営交通１００周年パンフレット」などべじこのキャラクターが全面に登場する仕事や、青色申告会会報誌など4コマ漫画連載の仕事などの他に、企画提案型の仕事を得意としています。

企画提案型の仕事は「キャラ営業」風に言うと「提案するイラストレーター」キャラです！

営業時代に培った企画提案力、取材力、人を巻き込む力、お客様の魅力を見つける力を活かして、指示通りのイラストを描くだけでなく、お客様の課題をイラストや漫画で解決します。

クリエイター仲間がいるので、アウトプットできるのは、イラストや漫画に限らずｗｅｂ

や紙の制作物、映像などクリエイティブ全般が可能です。

イラストレーターでも、見た目のキャラ表現と、自分の強みや得意分野をキャラとして打ち出していくこと、両方できれば、自分がやりたい仕事を実現することにとても役立ちます。


私はヨガとボイストレーニングに通っていますが、両方とも先生が決め手になってその教室を選びました。

ヨガの先生は「健康のことは私に任せて」キャラ。ヨガの先生をしながら専門学校に通って鍼灸師にもなってしまいました。「お客様の健康は私がサポートする」という信念と高い専門性を持ち、できる人なのに気取らなくてユーモアある人柄が魅力です。

ボイトレの先生は「進化するシンガー」キャラ。自らがシンガーとして努力して進化し続けていいます。自分が実践しているメソッドをレッスンで伝授してくれます。現在進行形で進化し続ける姿に生徒は惹かれます。一生懸命で、ちょっと天然なところも素敵。

先生のキャラが魅力的で、先生から教わりたくて通っています。

個人事業は、その人自身の魅力が、商品やサービスが選ばれることに直結していること

も多いでしょう。

個人事業主こそ「キャラ営業」です！

そして、自分の成長や志向の変化によって、キャラは変わっていくもの。キャラを進化させながら、より楽しく仕事を発展させていきましょう。

この章では、個人事業主になってから、私が実践してきたノウハウや考え方を紹介します。

個人事業主やフリーランスの方だけでなく、これから何かしていきたい方、会社に勤めながら個人の活動をしている方も、今からすぐ始められる内容です。

面白そうと思ったことがあれば、ぜひ試してみてください。

2 「いつも楽しそう」なワケ

べじこさんて
いつも
楽しそうですよね
基本いつも
楽しいよー
楽しめない時って
あるんですか？
えー…
すん…
あった
自分のキャラが
一切出せない環境に
いた時…
あの時は楽しむこと
ができなかった…
ずーん
わわわ
聞いちゃ
いけなかった

自分らしくいられる環境に
身を置こう

私は「いつも楽しそう！」とお客様や友人たちからよく言われます。

何で楽しそうに見えるのか考えてみたところ……


まず、よく笑っているので、そう思われるのかもしれません。

たいてい、身の回りの楽しいことを見つけて、ニヤニヤしています。


基本、好きなこと、やりたいことをやっているから、楽しい！

イラストや漫画を描いたり、おいしいものを食べたり、温泉に入ったり。


いつも、たいてい何かブームがあって、日々、それを楽しんでいます。


この前の冬ならストーブクッキング。

毎日、ストーブの上に何を乗せて調理しようかわくわくしていました。

何を乗せよう？と考えるのも、実際乗せるのも、乗せているところを写真に撮ってSNSでシェアするのも、できた料理を食べるのも、楽しい！

仕事が大変だったら、その合間の楽しみを見つける！

でも、本当に大変になってくると、楽しみが、お風呂に入れる……！　お布団に入れる……！

段々、眠れるだけで幸せになってきます。


極限でも楽しみを見つけられると、笑っていられますね。

でも、睡眠はちゃんととった方がいいです。


でも、そんな私も楽しめない時期があったことを思い出しました。

それは、自分らしくいられない時。


自分のキャラに合わない環境に身を置いていた時は、楽しめなかった気がします。

その時は、環境を変えることで解決しました。


もし、あなたが楽しめていないと感じているなら、自分らしくいられる環境にいないのかもしれません。

無理に楽しもうとせず、可能なら、環境を変えることもありだと思います。

すぐに環境を変えるのが難しければ、回避できている時間だけでも、ゆったりと過ごしてください。

いつも楽しそうなだけで、
「いつも楽しそうなので、一緒に仕事をしたい」
「いつも楽しそうな人に仕事をお願いしたら、パワーがもらえそう」
と、仕事につながることもあります！

自分らしくいられる環境にいれば、ちょっとしたことでも楽しみを感じられます。

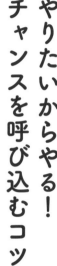

3 やりたいからやる！チャンスを呼び込むコツ

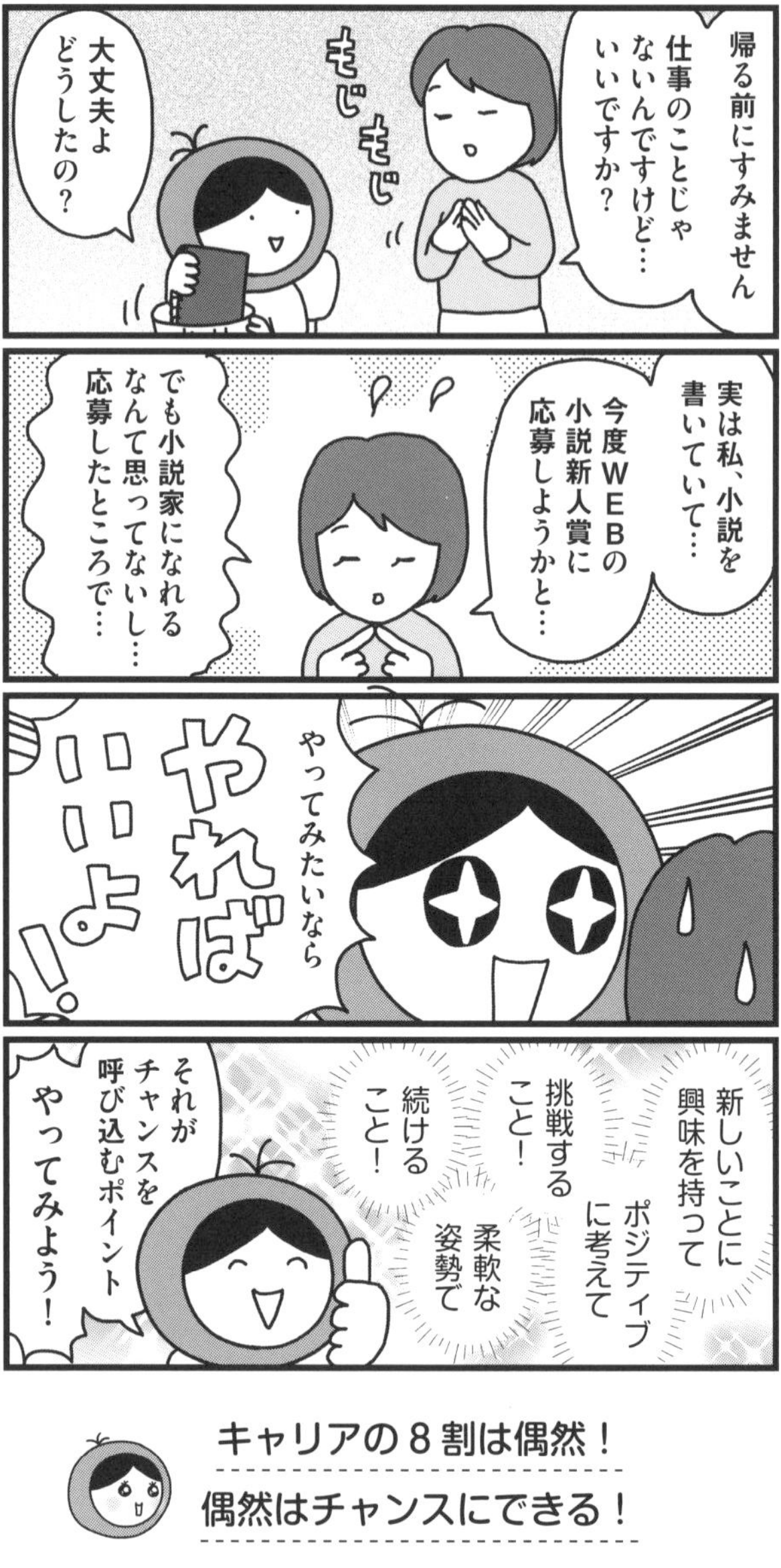

帰る前にすみません
仕事のことじゃないんですけど…いいですか？
もじもじ
大丈夫よ
どうしたの？
実は私、小説を書いていて…
今度WEBの小説新人賞に応募しようかと…
でも小説家になれるなんて思ってないし…応募したところで…
やってみたいなら
やればいいよ！
新しいことに興味を持って
ポジティブに考えて
挑戦すること！
柔軟な姿勢で
続けること！
それがチャンスを呼び込むポイント
やってみよう！

クランボルツ教授「計画的偶発性理論」

キャリアの８割は偶然！
偶然はチャンスにできる！

営業の仕事は面白くてやりがいもありましたが、社会人になる前から、ずっと「好きなことを仕事にしたい」と思っていました。

今のイラストレーターにたどり着くまでは、試行錯誤の連続でした。長かった……

そんな、まだ模索中のある日、友だちが品川区の戸越銀座商店街を案内してくれました。コロッケ、焼き小籠包、みたらしだんごなど、食べ歩きがあまりに楽しくて「戸越銀座食べ歩き」の漫画を描きました！

漫画を描きました、とさらっと書きましたが、4コマ漫画は別にして、漫画を描いたのは小学生ぶり！　誰に頼まれるでもなく、描いた漫画を冊子にしました。

案内してくれた友だちにプレゼントしたら、当時の商店街の理事長の手に渡り、喜んでくれたので、漫画冊子を増刷。

理事長が商店街のご自分の店舗に置いてくださり、それがきっかけで「ケーブルテレビ品川」から仕事の依頼を頂きました！

ケーブルテレビから仕事!?

気づけば、イラストレーターとして仕事をしていました。

営業時代、私は自分の将来のキャリアを考えるため、キャリア理論の勉強をし、キャリアカウンセラーの資格を取りました。

その時に、感銘を受けたのがクランボルツ教授の「計画的偶発性理論」。

個人のキャリアの8割が、偶然の出来事によって決まるというものです。

まさに、偶然の出来事が重なって、自分のやりたい仕事につながったのです！

時間はかかったけど、忘れていた幼少期の夢が叶いました。

「計画的偶発性理論」によると、成功するキャリアを築くためには、偶然の出来事が起こるのを待つのではなく、偶然を引き起こすように行動しようと言っています。

チャンスが訪れやすい行動特性は「好奇心」「持続性」「楽観性」「柔軟性」「冒険心」の5つ。

「新しいことに興味を持ち、何事もポジティブに考えて、結果が分からなくても挑戦！柔軟な姿勢で、あきらめずに努力を続ける」というのがポイントです。

そうすることで、偶然をチャンスにできる！

ゴールを決めないキャリアの考え方です。


目標を決めて、それを叶えるために逆算して順番に行動する方法もあるけど、私の場合は、うまくいきませんでした。

楽しくてやりたいと思ったこと、私の場合なら、「戸越銀座食べ歩き」の漫画を描くこと。

イラストレーターになる道筋は、考えてもうまく立てられなかったけど、楽しくて描いた１つの漫画から、現実が動き出しました。

もし、やってみたいことがあるなら、

「やったらどうなる？」

「何のためにやる？」

と**考えて動けないよりも、もっと身軽に「やりたいからやる」でいいじゃない！**


イラストレーターになってからも、やりたいことをやってみたら面白い展開になった！

その連続です。でも、うまくいったこともあれば、やったけどうまくいかなくてやめてしまったこともあるはず。
でも、やらなければよかった、という後悔は1つもありません。
まだまだ面白い偶然を引き起こしていきたいと思っています！

4 人との縁の作り方・縁のつなげ方

人と人とをつなげると、
その縁が自分に返ってくる！

ありがたいことに、私は本当に人に恵まれていると思います。

何でうまくいったんだろう？ と思うと、

「縁と運と、あとちょっとは自分のコツコツやってきた行動」

仕事も楽しいことも、たいていあの時会ったあの人が運んできてくれています。


自分で仕事を始めた当初は、セミナーや交流会など人が集まる場に参加する機会も多かったのですが、その後は、自分の仕事が忙しくなったり、コロナ禍になったりで、人と出会う場に参加する機会も少なくなりました。


イベントなど、昔は誘われたら参加しなくては、と思っていましたが、今は自分がどうしても参加したいものにだけ参加します。

と言っても、仕事に役立つものを選んでいるというより、

「何か行ってみたい」

というその時の自分の気持ちに素直に従います。

行きたくても、どうしても予定が合わない時は、「残念！」と、いさぎよくあきらめます。

タイミングが合えば、また次の機会があります。

セミナー後の懇親会など、大勢の人が集まる場では、「営業出身なので、初めて会った人たち全員のところに、名刺を持って挨拶に回る！」かと思いきや、そんなことはしません。

全員と30秒ずつ話しても、誰が誰だか分からないまま終わってしまいます。

量よりも質。

最初の挨拶の時に気になった人、話してみたいと思った人のところに積極的に話しに行きます！すごい人だから……と遠慮せず、必ず行きます。もう二度と話せるチャンスは来ないかもしれません。

名刺を持って、ご挨拶。

まずは、名刺を渡しながら、ごく簡単に自己紹介。簡潔に自分の「キャラ」を分かってもらえるトークを用意しておくとスムーズ。トークは定期的に更新するとなおよし。

挨拶の後、「何を話したらいいか分からない」と思うかもしれませんが、あなたがその人になぜ話してみたいと思ったか、どういうところに興味を持ったかを伝えれば大丈夫。

「今日の話の〇〇、私も△△と思っていたので、すごく共感しました！」など。

そうすると、その方が何かお話ししてくださるでしょう。

もし、話が続かなくても、

「ありがとうございました！　ＳＮＳでつながっていいですか？」

と最後の挨拶をして、その場を去ればＯＫです。

「今ＳＮＳでフォローしました！」

と、名刺交換の時にスマホでフォローしたのを見せながら挨拶している人がいました。後からだと、タイミングを逸してしまったり、挨拶のメッセージを書くのが億劫になったりすることもあるので、その作戦はいいなと思いました。

「名刺交換の時が印象的でした！」

と言われたことがあります。その時の自分がどんな感じだったかを聞いてみると……、

ぱっと目を合わせて、にこっと笑って、名刺を持って、たたたと笑顔で駆け寄って、

「べじこです！」

と挨拶したそうです。

多分「あの人に挨拶したいな～」と思って、他の方との名刺交換が終わるのを遠くから見て待っていて、空いた時に目が合ったので、急いで駆けよったんだと思います。

目を合わせたことと、笑顔が印象的だったとのこと。

最初に会った時に笑顔なのは、笑顔のイメージがつきやすいかもしれません。印象付けたい方には、やってみてください。

出会った人ともっと親しくなりたい時は、ＳＮＳでつながります。

ＳＮＳでの発信を通じて、趣味や好きなことに共通点があったり、発信している考え方に共感できたりすると、

「私も好きです！」

「その考え、共感します！」

とコメントします。一度会っただけの方でも気にせずに。「おしゃべりキャラ」なので、すぐに伝えたくなってしまいます。

ＳＮＳはコミュニケーションの場なので、何度かやり取りすると、お互いの理解が深まり、距離感が縮まり、仲良くなれます。

そして、最も縁がつながる方法は、**「あの人とあの人合うかも！」と思ったら積極的に紹介すること。**

自分の好きな人は、自分の好きな人に紹介したい、という気持ちが根底にあります。
もったいぶらずに紹介して大丈夫！

好きな人と好きな人がつながることで、楽しい世界がますます広がります！
どんどんつながって、またその縁が自分に返ってきます。

「人脈がすごいな。紹介の仕方もうまい」
と言って頂けたこともあります。

私の友だちで、いつも人に囲まれていて、たくさんのファンがいる方がいます。その方もすごく人と人をつなぐのがうまい！　出会いたいと思っていた方を、いいタイミングで紹介してくださいます。

でも「あの人紹介して！」と頼まれて、もし気が乗らなかったら、無理に紹介しなくてもいいと思います。

気が乗らないということは、頼んでくる人に変な目的があったり、紹介者に迷惑をかけたりするかも、とどこかで感じていると思うので。

やんわり断りましょう。

共感し合える人たち、気が合う人たちと過ごす時間は、刺激があって楽しいもの。

私の周りにいる人は、みんなそれぞれ自分のキャラがあって、好きなことをしていて、自由でマイペース。いい意味で変態ばかりだな〜と思います。

あ、失礼に感じたらすみません！　これからも、仲良くしてください。

5 偶然からの誕生！みんなが育ててくれたキャラ

聞いてみたいと思ってたんですけど
べじこさんて…
何？
何でトマトかぶってるんですか？
それは…
ドキ
ドキ
たまたま？
1回かぶったらすごく好評だったからそのままかぶり続けて浸透したって感じかな～
もちろんトマトは大好きだけどねー
深い理由なし!!
ズコーッ

面白いと感じたらキャッチ！

楽しんで取り入れよう

「『べじこ』はどうやって生まれたの？」

時々聞かれます。

トマトをかぶったキャラクター「べじこ」のべじはベジタブルのべじ！

とある日に、自分を描いていたイラストがトマトをかぶって「べじこ」を名乗ったら、SNSの友だちからの反応がすこぶる良くて、そのまま浸透した、というのが真相です。

私自身が野菜ソムリエで大のトマト好き、という背景はありますが、練りに練って戦略的に創作されたわけではありません。

その後、友だちと奥様が一緒にフェルトでべじこ人形を作ってくれたり、アクセサリー作家さんがべじこブローチを提案してくれたり、和裁が得意な蕎麦屋の女将がべじこ浴衣を作ってくれたり、周りの皆さんが積極的にべじこを表現してカタチにしてくれました。

それが嬉しかった私は、べじこ人形を持ち歩いて、べじこブローチをつけて、個展でべじこ浴衣を着て、SNSで写真を撮って発信して……、そのうちにますます広がっていきました。

偶然のように誕生して、周りの皆さんが育ててくれて浸透したのが「べじこ」です。

皆さんに感謝、感謝なのですが、もっと誕生秘話や戦略があった方が良かったのかな～と思っていました。

すると、つい最近、同じような誕生の仕方で大成功している例を知りました。

偶然誕生して、周りの反応が良くて、浸透してもいいじゃない！

すごく肯定された気持ちになりました。

大成功している企業をべじこと一緒にしてすみません。敬意を表して紹介させてください。

その企業とは、名古屋本社の手羽先がウリの居酒屋チェーン「世界の山ちゃん」です。

創業時には「やまちゃん」という店名だったそうですが、アルバイトスタッフがふざけて「はい！ 宇宙の山ちゃんです」「はい！ 世界の山ちゃんです」と電話に出ているのを見た創業社長が「面白い！」と言って、「世界の山ちゃん」を採用！

店名を変更して「世界の山ちゃん」という屋号と社名が誕生したそうです。

名古屋の人なら誰でも知っている、有名な山ちゃんのイラスト。

イラストレーターに描いてもらった羽のある創業社長のイラストを名刺に入れていたら、周りからの反応がすごく良かったので、看板にも使われるようになり、山ちゃんのシンボルに育ったそうです。

看板メニュー「幻の手羽先」も、お客様から「幻の手羽先だね」と言われたのがきっかけでメニュー名になりました。

今や浸透して、お客様から愛されている山ちゃんの店名やキャラクター、メニュー名が、ふとした瞬間に誕生していたことに驚きました。

スタッフやお客様から出た偶然の言葉を、創業社長が、遊び心を持ちつつも真摯にとらえて「いいね！」とキャッチして活かしていく、ということが素晴らしいと思います。

戦略的に考えて、成功することはもちろんあり。

でも、**偶然生まれて、周りに受け入れられて、浸透するというのもあり**です！

戦略的に考えるのが得意ではなくても大丈夫。偶然生まれたものをキャッチして、自分が面白いと思ったものは取り入れて発信してみること。

発信すると、周りの反応がいいものは残るし、反応がないものは消えていきます。

「べじこ」の誕生も、周りの皆が反応して育ててくれました。

自分が遊び心を持って楽しんで、気軽に取り入れて、継続して発信してみましょう。

6 やりたいことを言ったらトントン拍子に実現した話

やりたいことは口に出してみよう。
人生変わるかも

ある時、言われました。

「べじこの歌を作ったら？」

「歌ですか！」

その少し前から、ちょうど歌を習いたいと思っていた私。

のんきに「いいかも」と思いました。


後日、友だち2人と話している時にふと言ってみました。

「べじこの歌作ろうかと思って」

「作曲家知ってるよ！」

「えっ」

1人の友だちが、その場で作曲家の方に連絡して紹介してくれました。

作曲家の方に連絡してみると、

「歌は自分で歌えばいいね。作詞ができたら作曲するよ」

特に歌がうまいわけではありませんが、歌を習いたいと思っていたことだし、ボイストレーニングに通い始めました。

「作詞したことないから作詞はできないな～
歌ができたら、イラスト描いてアニメーションにできたらいいな～」

そんなある日、自分主催のイベントで、べじこのイラストを指差しながら、ふとつぶやきました。

「べじこ動かしたいんですよね～」

「動かせるよ！」

隣にいたイベントの参加者の方が、たまたまクリエイターでした。

「アニメーション作れるよ。作詞もできるよ」

「えっ」

どういう展開？

次の週には打ち合わせをして、詞が完成。

作曲家に詞を送って、曲が完成。

ボイトレの先生の指導のもと、歌の練習を重ね、生まれて初めてのレコーディング。

私がイラストを描いて、アニメーションを制作頂きました。

あっと言う間に「べじこのうた」が完成!

お披露目会も開催しました。

協力者が次々と現れて、まさにトントンと話が進んで、歌を作ることが実現してしまいました。


さらに話には続きがあります。

大手食品メーカーの「野菜摂取量向上プロジェクト」チームが野菜ソムリエを探しているとのことで、私を紹介頂きました。

「YouTubeで『べじこのうた』見ました!聴きました!」

そこからプロジェクトチームとコラボして、「べじこのうた」を作ったチームで「ラブベジ®のうた」を作成!

東海エリアのスーパーマーケットで、私の歌う歌とアニメーションが流れることにまで発展したのでした。


スーパーで自分の歌がかかって、べじこイラストのアニメーションが流れるのを見て、

「こんな面白い人生になるとは……」

想像もしない展開に、びっくり。

「歌を作ったら？」の一言に「いいかも」と思って、「歌を作りたい」と言ってみたことから始まりました。

やりたいことは口に出してみる。

本当にやりたいことは、話すのにちょっと勇気がいるかもしれませんが、目の前の人が手助けしてくれて、道がひらけるかもしれません！

気負わず、気楽な気持ちで言ってみること。試してみてください。

7

何者でもない時に出会った人たちが応援してくれる

仕事以外で社外の人と出会うの気後れしちゃうな…
異業種交流会
分かる…ただの会社員だしなって思っちゃう…
ね…
そんなことなーい！
ばっ
今の自分で大丈夫
今日の出会いが将来につながるよ

何か始めたいと思った時が人と出会うチャンス！

「自分で何か仕事をしたいけどまだ決まっていない」

「将来やりたいことを模索中」

そんな、昔の私のような人に「当時やっていて良かった」と、今になって思うことを紹介します。


当時の私は、正直言って、人に会いたくありませんでした。

基本人が好きで、人と話すのが大好きなんですが、当時は、本当に人に会いたくなかったんです。それどころか、誰にも会わず引きこもっていたかったくらいです。

なぜなら、初対面の人に、

「今、何をしているんですか?」

と聞かれるのが、いやだったからです……。


だって、会社員も辞めているし、「食」の修行も途中で辞めてしまったし。

当時、ちょうど「食」の仕事を辞めたところで、これからどうしようと思っているところでした。

そんな私に、友だちが言いました。

「何者でもない今だから、人に会うのがいいんだよ！」

そして、彼女が尊敬する人のコミュニティに次々と連れて行ってくれました。

案の定、

「今、何をしているんですか？」

と聞かれては、いやだなーと思いながら、

「食のことをしたくて……」

などとモゴモゴしながら答えていました。


しかし、その時に出会った人たちの縁で、SNSを始め、講師デビューし、コミュニティやイベントを主催するようになり、どんどん世界が広がったのです。

そして、私が何者でもない時に出会った人たちが、ソルトコーディネーターになった時、イラストを描き始めた時、べじこが誕生した時、イラストレーターになった時……、模索しながら始めた活動や仕事を、時には励まし、イベントに参加し、一緒に喜んで応援してくれる、貴重な存在になったのです。

本当は、

「自宅で料理教室をしています！」

「自分のサロンでヘッドスパの施術をしています！」

など、自信を持って何をしているか言えるようになってから、人前に出たいと思っていました。

でも、

「何がしたいかしら……モゴモゴ」

という私だったからこそ、何を始めても、みんな見守って応援してくれたとつくづく思います。


それに、何者かになれるまで誰にも会わず引きこもっていたら、もしかして、まだモゴモゴしていたかもしれません……。

気後れしていた私を、人と出会える場、しかも尊敬できる人たちと出会える場に連れて行ってくれた友だちには、心から感謝しています。

何がしたいか分からなくても、模索中でも、人に会ったらいいじゃない！

人との出会いや、一つ一つの小さな行動が、将来につながっていきます。
今、何者でもない自分のことを不甲斐なく思っているかもしれませんが、大丈夫！
ちょっとだけ勇気を出して、行動を起こしてみてください。
今が出会いのチャンスです。

4 プロセスを見せる

何か企画をする時は、SNSでプロセスから見せていきましょう。

イベントなら、打ち合わせ風景や準備の様子など。

制作物なら、ラフや下書き、作成中の動画や、制作に苦労しているところを見せてもいいかもしれません。

プロセスを見せることで、「面白そう」「どんなものができるんだろう?」とわくわく楽しみな気持ちを持ってもらうことができます。イベント名を考えてもらったり、意見をもらったり、SNS上で参加してもらえると、一緒に盛り上がれます。

私の場合、企画を思いついた時点でSNSにつぶやいて、反応の良し悪しで、企画を実行するかどうか決めることもあります。

タイムリーにプロセスを見せられるのは、SNSのいいところです。自然とキャラが伝わって、応援してもらえて、いいことばかり。

SNSには、プロセスから発信していきましょう。

…というところがお役に立てます！いかがですか？
いいね！ぜひやりたいよ
前はちょっと一方的なところがあったけど
今はちゃんとうちのこと考えてくれて
しっかり提案もしてくれるのですごく信頼できるよ！
この仕事がうまくいったら友人の経営者紹介するよ！
一生懸命で熱いところ評価してるよ！
ありがとうございます！

最初の頃
ごめんなさいね
人を覚えるのが
苦手で…
最近は黄色の
アクセントカラーが
お似合いね！
ストール
ニット
名刺入れ
など
仕事が速くて
丁寧なので
すごく助かって
いるのよ！
気持ちいい対応も
色々気づいて
提案してくれるのも
感謝してます！
いつもありがとう
そうそう
北南産業の社長さんに
連絡してもらえる？
西山さんの話
してあるから
ありがとう
ございます！

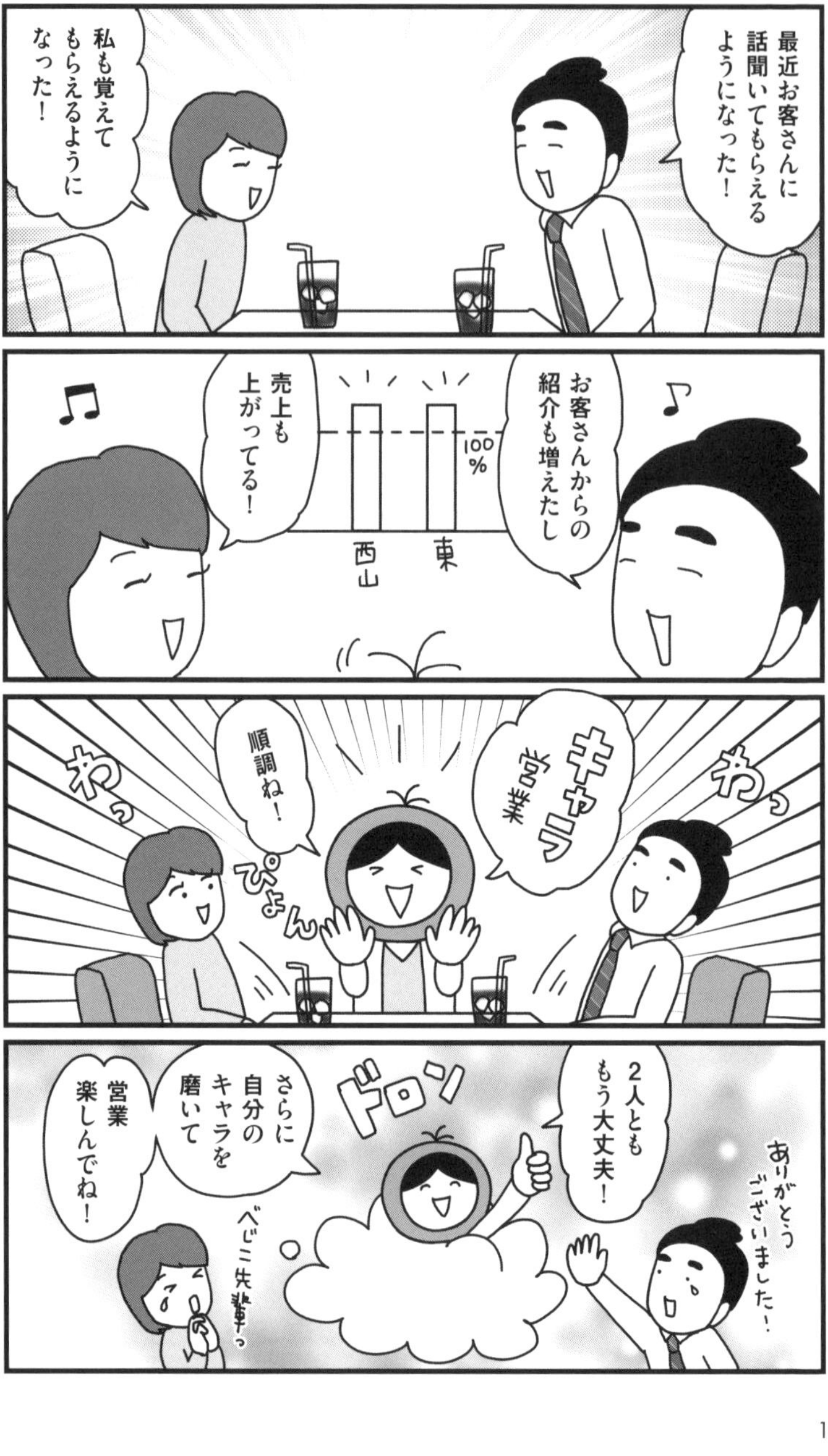
最近お客さんに話聞いてもらえるようになった！
私も覚えてもらえるようになった！
お客さんからの紹介も増えたし
100%
東
西山
売上も上がってる！
わっ
キャラ営業
順調ね！
ぴょん
わっ
ありがとうございました！
2人とももう大丈夫！
ドロン
さらに自分のキャラを磨いて
営業楽しんでね！
べじこ先輩っ

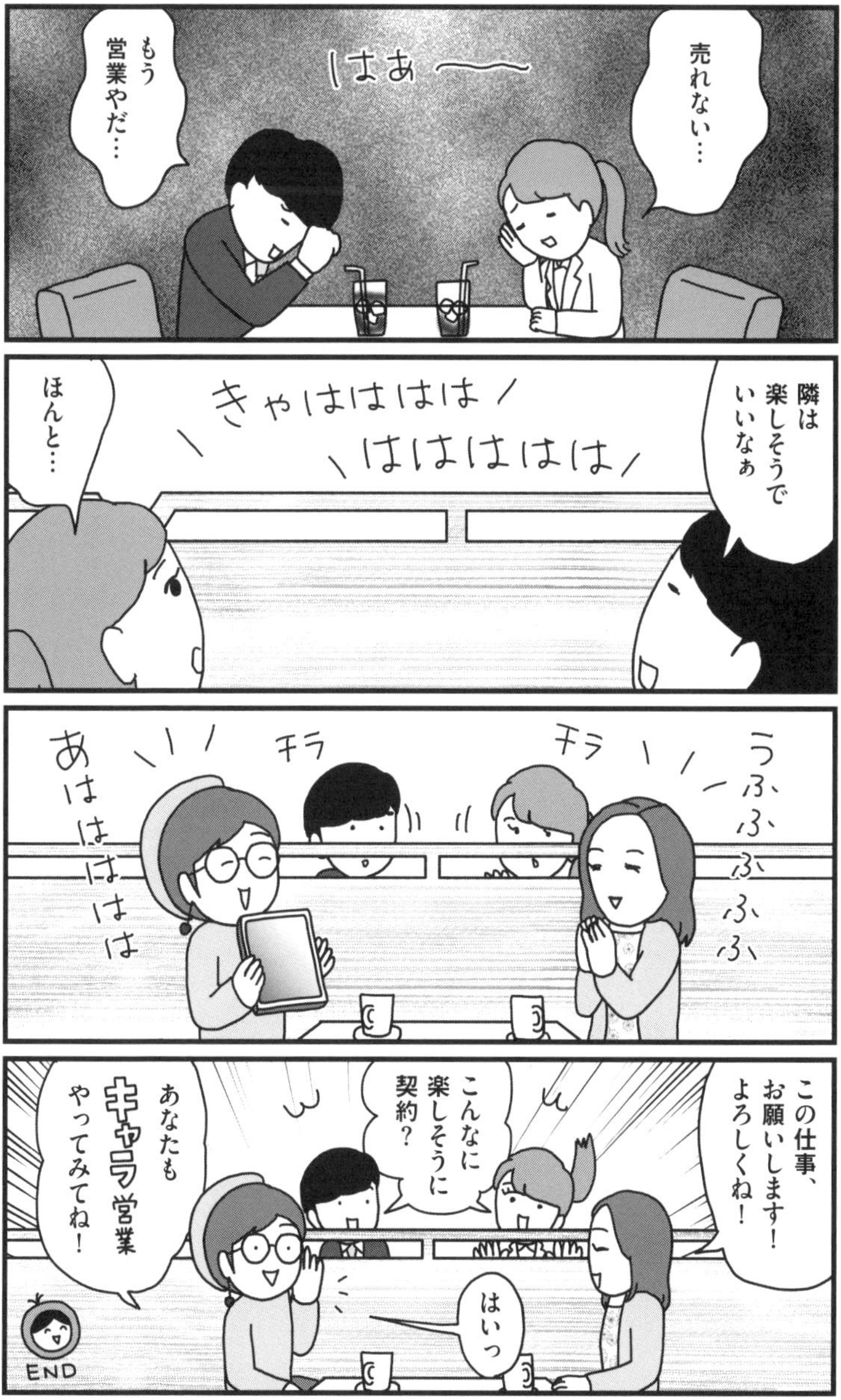
売れない…
はあ〜〜
もう営業やだ…
隣は楽しそうでいいなぁ
きゃはははは
ははははは
ほんと…
うふふふふふ
チラ
チラ
あはははは
この仕事、お願いします！よろしくね！
こんなに楽しそうに契約？
はいっ
あなたもキャラ営業やってみてね！
END

書けたー!!
読んで下さった皆様
ありがとう
ございます!!
感謝
今まで出会った
全ての人の
おかげでこの本が
できました!
それぞれ皆必ず
キラリ
と光る個性が
あります!
皆様が
キャラを
発揮して楽しく
営業も人生も
うまくいきます
ように!!
またどこかで
お会いしま
しょう!
それまで
お元気で!
あとがきに
かえて。
のみに
行って
きます

坂井洋子（さかい・ようこ）／べじこ

大学卒業後、新卒でリクルートグループに入社。10年半の法人企業への企画営業、転職情報サイト立ち上げ部署でのスーパーバイザーの経験を持つ。その後、起業支援を行うNPOでの勤務を経て、フリーの漫画家・イラストレーター「べじこ」に転身。味の素「野菜摂取量向上プロジェクト・ラブベジ®のうた」「絵本仕立てのメニューブック」、「名古屋市営交通100周年PRパンフレット」「愛知県多文化子育てブック」など大手企業や自治体の発行物制作に多数参画。野菜ソムリエ、温泉ソムリエとしてもイラストや漫画の作品を発信し、キャラを活かして活躍の場を広げている。

べじこホームページ
vegecotomato.com

キャラ営業の極意

2023年9月 6 日　初版発行
2023年9月25日　2刷発行

著　　者　坂井洋子
発 行 者　和田智明
発 行 所　株式会社 ぱる出版
〒160-0011　東京都新宿区若葉1-9-16
代表 03(3353)2835　FAX 03(3353)2826
編集 03(3353)3679
振替 東京 00100-3-131586
印刷・製本　中央精版印刷株式会社

ISBN978-4-8272-1407-9 C0034

坂井洋子　べじこ

2023.7